50歳からの脳老化を防ぐ
脱マンネリ思考

和田秀樹

マガジンハウス新書
020

プロローグ　～「貧乏くじ世代」が羽ばたくとき

身動きが取れなくて、神経を擦り減らしている50代

やっとマスクが外れて街角にも観光地にも人ごみが戻ってきました。元気に歩いている70代が大勢います。皆さんファッションも表情も若々しいです。そういう様子を見て、「いまの70代は恵まれた世代だ」と恨めしくなるのが現在の50代です。

70代の世代は「バブル期にはいい思いをしているし、退職金もまともに貰っているし、年金の不安もない。在職中は社内で威張っていられたし、パワハラやセクハラにもあまり気を遣わずに済んだ」――。それに比べて50代の世代はどうでしょうか。

バブルが弾《はじ》けて就職するのが大変でした。とくに苦労したのが1971～74年に生

まれた、いわゆる「団塊ジュニア世代」です。この世代は一学年が200万人を超えた最後のボリューム層だったのですが（いまは年間出生数がわずか81万人です）、就職氷河期とも呼ばれて非正規雇用が一気に増えた世代でもあります。

せっかく就職できてもそこから日本は失われた10年とも30年とも呼ばれる長い不況の時代に入りましたから、リストラや事業縮小などで非正規雇用で働かざるを得なくなった人が大勢出ています。

じつは団塊ジュニア世代というのは、就職難だけでなく大学受験でもかなり厳しい競争を強いられています。

これにもいろいろな事情が隠されていて、この世代が高校受験のときには新設の公立高校が全国で増設されて高校全入が目指されるようになっています。高校入試は楽になったのです。公立の普通高校に誰でも進めるようになりました。

当然、大学入試は厳しくなります。しかもこの世代から女子の大学進学率が高まってきます。それまで4年制の大学を目指すのは男子が多く、女子は主に短大を受験することが多かったのです。いわゆる女子短大には一定のブランド価値があって、一流企業に就職する場合でも、女子は4年制より短大卒のほうが入社しやすかったからです。

ところが、団塊ジュニア世代のころから女子が4年制の大学を目指すようになりました。もともと女子は成績優秀でしたから、受験競争はいっそう厳しくなります。

就職難を乗り越えて、何とか希望する会社に入っても苦難は続きます。女性の職場進出はどんどん広がり、しかも権利意識も高まってくる時代ですから、うっかり女性蔑視の発言でもするとたちまちセクハラ扱いです。社内の女性を敵に回すことになれば仕事もやりにくくなります。

ふだんから言動には気を遣い、上司のパワハラにも耐えなければなりません。一つ上の世代の上司はまだ古い仕事観を持っていますからパワハラにもセクハラにも鈍感だし、定年も間近ですから「悪かった」で逃げ切れますが、50代社員はまだ先がありますす。うっかりセクハラまがい、パワハラまがいの発言をすると社内の女性や若手社員から猛反発を食らって居たたまれなくなります。それどころか、処分の対象になることさえあります。

かといって転職できる年齢でもありません。人によっては子どもがまだ大学受験を控えていたり家のローンが残っていたりします。どちらも終わっている人でも、貯金するほどの余裕はありませんでしたから定年前に辞めるわけにはいきません。辞めてしまえば退職金は減額されますし、老後の生活設計が大きく狂ってくるからです。

定年後は「不安」しか見えないが……

70代は「バブル期でいい思いをした世代」と書きましたが、高校生のころがバブルの真っ盛りだった50代はその様子を知っています。入社してもおそらく上司や先輩社員から「あのころはボーナスの封筒が机の上に立ったもんだ」といった回顧談も聞かされてきたはずです。

でもバブルは二度と訪れませんでした。バブルどころか景気が上向くこともありません。ただ出口の見えない不況だけを経験して30年、一度もいい思いを味わうことなく50代を迎えました。

それでもまだ、大学を出てまともに就職できただけでも良かったという気持ちがこの世代のビジネスパーソンにはあります。とにかく正社員で働いてきたから、何とかやってこれたという安堵感です。

でも50代ともなれば、そろそろ定年後の暮らしを意識し始める年代です。仮に55歳なら定年は延長されたもののあと10年です。その10年を意識したとき、定年後への不安が膨らんできます。

給料がなかなか上がらなかった世代ですから、退職金も上の世代のようには望めません。年金だって次第に厳しくなっていくことは予想できます。けれども何より不安なのは、仕事も給料もなくなってしまうことです。いままで神経をすり減らしながらも何とかやってこれたのはまがりなりにも正社員だったからです。その意味では、現状維持にしがみついてきた世代でもあります。

その現状が、定年によってすべて失われます。不安が広がるのも無理はないのです。

いまがまだ、働き続けなければいけない世代だからこそ、定年後の人生まであれこれ考えたり計画を立てたりする余裕はありません。「あと10年で仕事も収入もなくなるのか」と考えただけで、足元が崩れてしまうような不安を感じてしまいます。

この50年、自由に生きた時間がどれだけあっただろうか

50代というのは、格差が固定化してきた世代でもあります。親の団塊世代はまだ競争社会で育ち、公立高校からの東大合格が当たり前でしたが、団塊ジュニア世代になると変わってきます。私立の進学校からの東大合格者が圧倒的に多くなり、地方より首都圏からの有名大学進学者がやはり圧倒的に多くなってきました。たとえば団塊世代のころ、早稲田大は地方の受験生に人気が高くて合格者も多かったのですが、団塊ジュニア世代になると大半が首都圏の私立進学校出身になってきました。

なぜそうなったかというと、親世代の格差が広がってきたからです。富裕層は子どもの教育におカネをかけることができても、それができない家庭もあります。そういう格差の中で育った子どもたちが、就職氷河期を乗り越えてやっと入社できた職場ですから、そこにしがみつくのも当然のことです。

これは余談になりますが、団塊ジュニア世代のころから首都圏で育った若者にはふるさとがありません。いわゆる「田舎のない人」が増えてきます。団塊世代が地方から進学や就職で上京してそこで家庭を持ち、高齢化した両親は亡くなったり施設に入ったりしましたから実家もなくなり、団塊ジュニア世代にはふるさとの実感がないケースが多いのです。

したがって、自分が生まれ育った町と職場空間しか知らない50代も多いはずです。あるいはマイホームを建てた町しか知らなかったりします。入社以来、給料の上がらない不況の中で働いてきましたからのんびりあちこちに旅行する時間もありませんでした――。

ここまで団塊ジュニア世代の負の側面をお話ししてきました。ですがわたしは、ずっと貧乏くじを引き続け、それでも必死でいまの仕事や職場にしがみついてきた50代が定年を迎えるということは、大きなチャンスだと思っています。

なぜなら、否《いや》が応でも自由に生きるしかなくなるからです。そのことにどれほど不安を感じたとしても、神経をすり減らし、これといっていいこともなく耐え続けてきた30年に比べれば、想像できないほどの解放感に包まれるはずです。

定年で足元が崩れたとしても、その頃にはほとんどの人はもう子どもも独立し、家のローンも終わっていると思います。上の世代に比べれば退職金が少ないとか年金も目減りしているだろうという心細さはありますが、65歳はいまの時代、まだまだ働ける世代です。体力もあるし、知力だって衰えていません。

日本の人手不足はあらゆる業種で当分解消されません。医療や福祉のように、これからますます人手不足が深刻になる業種もたくさんあります。つまり、現役時代と同じ収入は望めなくても年金と合わせればそれほど経済的に困らないはずです。差し当たって食うに困らず、時間的にも空間的にも大きな自由が手に入る。

定年がその出発点だとぜひ気がついてください。本書を読み終えたあと、「悪いことばかりではない」という気持ちがきっと生まれてくると思います。

この30年、仕事が楽しいと感じたことがあっただろうか

定年によって手に入るのは自由だけではありません。

現役時代の職場のように、神経をすり減らす人間関係や、取引先とのやり取り、社内のさまざまな会議や手続き、はっきりいって楽しいと感じることのない毎日からも抜け出すことができます。

そもそもいまの仕事や職場を選んだのも「楽しい」と思ったからではありません。「やってみたい」と思った業界や職種かもしれませんが、「この仕事に就いて良かった」と納得した経験はあまりないと思います。

「せっかく入った会社なんだから」「給料だって世間並みなんだし」と言い聞かせて我慢してきた30年間という人が案外多いのではないでしょうか。

たとえば50代後半の人たちは、バブル真っ盛りのころに入社しました。どこの企業も好景気に浮かれて新卒者を大量採用しました。その意味で就職には恵まれた世代で

すが、入社したとたんにバブルが弾けて企業業績は悪化し、だぶついた層をどんどん配置転換させて、事務系や技術職で入社したのに営業や販売に回されるというケースが多くなりました。40代になると早期退職の勧めです。バブルのおかげで入社はできても、そこから苦労し続けていい思いはまったく経験できなかったのです。

それで仕事が楽しかったとはとても思えません。やはり「辞めるわけにはいかない」と言い聞かせて職場にしがみついてきた世代ということになります。

定年というのは、その意味では50代が初めて経験する「楽しい人生」「自由な人生」へのターニングポイントということができないでしょうか。

はっきり申し上げて、50代には会社人生での逆転はもう望めません。出世する人はすでにそれなりの評価とポジションを得ています。そうでない人は、残りの会社人生に余力を使い果たすより、定年後の20年、30年という長い年月に自分なりの「楽しい人生」「自由な人生」の計画を立て、その準備に時間を割いたほうがはるかに充実した最後の10年になるはずです。

「やってみたかったこと」に挑戦できるのは、50代から!?

ある50代後半の男性がこんな事情を打ち明けています。

「わたしはバブルのおかげで無名の私大から大手メーカーに就職することができた。大量採用だったので同期の連中との競争が激しかった。それでも頑張ってチームリーダーになったけど、バブルが弾けたら今度は優秀な新人がどんどん入ってきてたちまち突き上げられるようになった」

氷河期に採用された新人は、一流大学の出身でもワンランクもツーランクも希望を下げて入社試験を受けた人が多いので、あまり人気のない企業でも優秀な人材を集めることができたといいます。

でもやっと入社できても、すぐ上には大量採用されたボリューム層が居座っていますから、やりたい仕事がなかなかできません。上の世代も生き残りに必死ですから会社の言いなりになって働くしかありません。つまり50代はどっちにしても伸び伸びとした気持ちで働くことができないままで定年を迎えることになります。「やってみたかったこと」を一度も実行することなく、試してみることさえできなかった30年間ということになります。

そもそも仕事を選ぶときもあれこれ試してみて、自分がいちばん楽しいと感じる仕事や向いていると思った仕事に就いたわけではありませんでした。運よく採用された会社や配属された部門で「頑張るしかない」と言い聞かせて耐えてきた人がほとんどだと思います。

これはもちろん50代に限ったことではありませんが、たとえ30年同じ会社で働き続けてきても、その仕事が自分に向いているとか、「やりがいがある」と納得できた人は意外に少ないと思います。向き不向きとか、やりがいの有無とかそんなことを考える余裕もなく働いてきました。

その職場がたとえ希望する業種や業界だったとしても、ほんとうはもっと自分に合った仕事があるかもしれません。つまりこれまでの人生は、可能性だけで言うならほんの一つのことしか試してみなかった人生だったかもしれないのです。

そう考えてくると、定年後の人生は自分に合った生き方や世界を見つけ出す期間ということもできます。いろんなことを試したりいろいろな場所に出かけたり、いろいろな趣味や勉強を始めたりする時間がたっぷりと残されているのが定年後の20～30年と考えることだってできるからです。

たとえばいままでだったら、「やってみたいな」と憧れても、「わたしには無理だろう」とか「向いてない」と諦めていたことがたくさんあります。でも、「無理だ」「向いてない」と諦めてしまったことの中に、思いがけない宝物が隠されているかもしれません。

定年後なら軽い気分でチャレンジすることができます。仕事でも趣味でも遊びでも、何が何でも結果を出さなくちゃとか、途中で放り出せないというわけではありません。何かの仕事に就いたとしても、年金の不足分をカバーできる収入があればいいのですから、しがみつく必要はありません。続けることにこだわる必要はなくて、あっちのほうが面白そうだと思ったら乗り換えていいのです。

つまり、自分がやってみたいことに気軽に向き合っていいのが定年後の人生です。

人間関係だって同じです。嫌な人間とつき合う必要はないし、忖度《そんたく》する必要もありません。あくまで自分がつき合って楽しい人だけを相手にすればいいのです。

50歳からの脳老化を防ぐカギは「脱マンネリ思考」

とはいえ、50代はまだ毎日の仕事という厳しい現実があります。老いに対してもそれほど実感がないので、定年後の人生を考えても漠然とした不安だけを持ってしまいます。

50代が不安を感じる原因は、じつは「脳の老化」からもきています。脳には〝意欲〟をつかさどる部位＝「前頭葉」があります。前頭葉は、40〜50代頃から萎縮し、老化し始めます。そのため、意欲も衰えてしまうのです。意欲がなくなると不安の感情が増し、早期に認知症になってしまう危険性もあります。

前頭葉が働くのは、経験したことがないことに向き合ったとき。いつも同じことをしていては、前頭葉はますます衰えてしまいます。もしあなたが、いつも同じ店でランチを食べていたり、いつも同じ著者の本ばかり読んでいるようなら要注意です！

また、「偉い人」の言う通りにしていたり、「みんながそう言っているから」と自分で考えずにそれに従ったりするのも、前頭葉の衰えに繋《つな》がります。

「同調圧力」が蔓延《まんえん》する日本で、前頭葉を衰えさせずに、仕事のパフォーマンスを上げ、定年後も心身の健康を保ちながら楽しく生き抜くためには〝脱マンネリ思考〟が必要です。日々の生活から「マンネリ」を排除し、どんどん新しいことにチャレンジしていきましょう。


この本でまず、将来の仕事やお金、健康に対する不安を吹き飛ばし、残りの10年を軽やかに乗り切ってください。

その軽いステップを保ったまま定年を迎えることができれば、そこからの20年を弾む気持ちで楽しむことがきっとできるとわたしは信じています。

和田秀樹

50歳からの脳老化を防ぐ脱マンネリ思考◎目次

プロローグ　〜「貧乏くじ世代」が羽ばたくとき

第1章 「定年まで」より「定年から」を意識する

第2章 「意欲の低下」をどう乗り越えるか

第3章 老化を加速させる思考を改善せよ

第4章 「読書力」と「行動力」を鍛えておく

第5章 50代はメンタルの危機に要注意！

第6章 定年までに、親との関係を見直そう

エピローグ　～いまからできるいちばん大事なこと

第1章

「定年まで」より「定年から」を意識する

残業はしなくてもいい。若手育成も40代に任せよう

50代に残された会社人生はあと約10年です。定年延長や再雇用で65歳まで働けたとしてもそうなります。

すると、どうしても「あと10年の我慢」と考えたくなります。この発想はもう止めましょう。なぜなら、ろくな答えは出てこないからです。

「いまから大きな成果や会社への貢献は望めない。せいぜい、失敗のないように、地味でも平常の業務を堅実にこなしていくしかない」

「体力も気力も落ちているから以前のような無理は利かない。でも最後の10年だから燃え尽きるつもりで頑張らなくちゃ」

どちらにしても辛くて味気ない10年になってしまいます。

数字に表れる成果だけでなく、日ごろの言動にも注意してハラスメントを疑われないように振る舞わなければなりません。部下を率いる立場の人はとくにそうでしょう。

若手社員の仕事観や職場への帰属意識は50代とはずいぶん異なっていますから、自分たちの常識がまったく通用しない場面にしばしば遭遇します。

出世を諦めることも選択肢のひとつ。自分の仕事だけなら50代ともなればベテランですからそつなくこなせます。それだけならお安い御用でしょう。若手社員のサポートをしたり、相談相手になる必要もありません。定時になったら、さっさと退社しましょう。

若手の育成も御免こうむりましょう。そのようなことは40代のキャリア社員に任せればいいのです。

すると、50代社員の存在感はなくなります。それこそが狙いです。「働かないおじさん（おばさん）」と言われようが「給料だけは一人前」と白眼視されようが一切気にしないことです。20代からずっと会社が不況に喘《あえ》いでいるときに支えてきたのです。古い仕事観を押しつける上司の横暴にも耐えてきたのです。

存在感がなくなるのはむしろ好都合です。いるのかいないのかわからないくらいに存在感がなくなれば、「休まず、遅れず、働かず」を堂々と実行できます。職場にいるのはあなたの抜け殻で、実体は別のところにいます。

その「別のところ」とはどこか——この章でまず考えてみましょう。

「残りの10年」ではなく、「定年後の20年」を見据える

わたしは「50代は定年後の人生への助走期間」だと思っています。

60歳や65歳にゴールがあるのでなく、そこから先の20年間をいかに楽しく、やりたいことをやり尽くして過ごせるか、そのための準備期間が残りの10年だと考えてください。

助走ですから、頑張って走る必要はありません。身体の半分はまだ会社に置いたままですから、あくまで気楽な準備です。

会社なんて退職金を払ってしまえば社員のそれからの人生には何の関心もありませんから、定年後の20年は自分で作っていくしかありません。

けれども残りの10年に力を使い果たしてしまうと、定年を迎えたときにはもう余力

がなくなっています。「しばらくのんびり暮らそう」としか考えなくなります。

するると、半年や1年はあっという間に過ぎてしまいます。家の中でうろうろして過ごす。近所をぶらぶら散歩する。それぐらいしかやることがありません。身体は休まるかもしれませんが、気持ちが沈んできます。体力だってどんどん落ちてきます。そして、脳の老化が加速してしまいます。

現役時代は「自分の時間が欲しい」とあんなに願っていたのに、その時間を持て余す……。するると、たちまち70歳です。

「もうこんな齢《とし》か!?」と気がついても、意欲も好奇心も失われていますからいまさら何かを始めようとか、好きなことや新しい世界に踏み出してみようという気持ちにはなれません。

こうなるともう、頭に浮かんでくるのは「病気にならないこと」と「慎《つつ》ましく暮らすこと」だけです。つまり、会社人生のゴールが人生そのもののゴールということになります。

こんなバカバカしいことはありません。我慢を強いられた30年の会社人生、「もっと違う生き方ができたかもしれない」と思いながらもしがみつくしかなかった目の前の仕事。そのすべてから解放されて、やっと待ち望んだ自由が手に入ったというのに、何の意欲も生まれてこないのです。

10年、いや5年の時間があれば、いまできないどんなことでも形になります。新しく何かを始めたとしても、5年続ければ一定のレベルに届きます。

たとえば、カメラが好きで会社勤めのころに「時間があったらあちこち旅行して写真を撮りたいな」と願っていた人が、愛用のカメラを手に日本中を車で旅行し、気に入った写真を撮りまくって、フェイスブックやインスタグラムにアップするぐらいのことは簡単にできます。

フォロワーが増えて仲間ができれば写真展を開くことだってできます。とにかく、5年でも10年でも、やりたかったことを自分が楽しみながら続ければ新しい世界が開けてくるのです。

定年後の20年を、会社人生が終わった後の長い休息時間と受け止めずに、むしろいままでやりたくてもできなかったこと、我慢していたことを存分に楽しむための幸福な時間と受け止める気持ちをまず取り戻してください。

仕事も収入も決してなくなるわけではない

定年後の20年に対する何よりの不安は、「仕事も収入もなくなること」というのが50代の本音だと思います。

長く続いた不況の時代を、一度もいい思いをすることもなく耐え抜いてこれたのも、「とにかく正社員の職を放棄してはいけない」と身に染みて感じてきたからです。まして50代ともなれば身動きが取れませんから、辛くても職場にしがみつくしかありませんでした。

そして心の奥にはいつも、いまの仕事も収入も失ったらどうなるんだという不安が居座り続けてきました。

この不安が定年後の20年を考えるときにまず膨らんできます。

「好きなことができる」「望んでいた自由が手に入る」といった希望よりもまず、不安と向き合わざるを得ないのです。

そこでこの不安をまず振り切ってしまいましょう。

わたしは医者ですから、はっきり言っておカネになる資格を持っています。でも、わたしは業界の批判を続けているので「もし何かの大きなトラブルを起こして、医者の資格を失ったり、奪われたら……」と考えるときがあります。そのときいつも頭に浮かぶのは「タクシーの運転手ならできるかな」ということです。

運転にはそこそこ自信がありますし、道もよく知っています。それどころか自分がタクシーに乗ろうとしてもなかなか空車が来ないときは、「反対車線を空車が走っているけど、なぜこっちを流さないのだろう?」と不思議になるときがあります。

医者ですから病院のタクシー乗り場に車がほとんどいないのを見て、「いまの時間なら遠距離の客をいくらでも拾えるのに」と思うこともあります。退院する患者にしろ外来の患者にしろ、皆さんタクシーを利用することが多いのです。

そういう光景を見ていると、つい「わたしだったら」と思ってしまうことがあります。

タクシーに限らず、輸送業界全体で運転手の人手不足が深刻になっています。言うまでもなく、いまの日本のあらゆる業種業界が人手不足です。たとえば介護の現場では60代であっても週に2、3日の勤務で働くことができます。肉体労働は体力的に自信がないという人でも、勤務日数や勤務時間の少ない働き方を選べるようになっています。

働くといっても、いままでのように平日のすべての時間が奪われるわけではありません。週に何日か、あるいは一日の中の短い時間を必要とされる場所に提供するだけのことです。もちろん収入は減りますが、年金と合わせれば食べていくぐらいはできます。ボーナスもなくなりますが、そもそも家のローンや子どもの学費といった大きな支出もなくなっているのですからとくに困りません。

そのかわり、現役時代のように複雑な人間関係に悩まされたり、上司や部下からの評価を気にすることもありません。どういう仕事に就くにしろ、身分はアルバイトやパートの待遇なのですから、決められた時間を淡々と勤め上げればいいだけのことです。

「この仕事が性に合う」と気がつくことがある

定年後も再雇用で65歳までメーカーに勤務し続けた男性がいます。

巨大な倉庫内の製品管理が主な仕事でしたから、この男性のキャリアは職場で必要とされたのでしょう。長時間の勤務が辛くなり、退職して「何かもっと勤務時間の短い仕事はないか」と探して、自宅に近い介護施設の送迎車の運転の仕事に就きました。デイサービスの利用者を送り迎えして、車椅子の方の乗降に手を貸したり、施設内や自宅までの移動介助をする仕事です。勤務日は週に3日で、しかも時間は朝と夕方のそれぞれ2時間ほど、とくに体力のいる仕事ではありません。

それでも、ずっとモノ相手の仕事だったので、介護を必要とする高齢者相手の仕事が自分にできるかどうか、この男性は不安だったそうです。

ところが働きだして間もなく、経験したことのない充実感を覚えます。

最初は、「何だろう、この満ち足りた気持ちは」と自分でも不思議に感じたそうです。メーカーで働いていたころも、再雇用で65歳まで働いたときにもまったく感じたことのなかった充実感です。デイサービスの利用者さんに感謝や労《ねぎら》いの言葉をかけられ、自宅に送り届けたときに「明日もまたお願いしますね」と挨拶されると、素直に嬉しさが込み上げてきます。

「わたしは案外、介護の仕事に向いているのかもしれないな」

デイサービスの送迎だけなら介護の中では軽作業になるでしょう。実際にはもっともっと大変な業務があります。その大変さに見合った収入が保障されていないので、介護業界も慢性的な人手不足に陥っています。

けれどもこの男性は、40年間勤め上げた仕事に対して、「もしかしてミスマッチだったのかな」と考えてしまったそうです。

「わたしは人と直接向き合う仕事が好きなのかもしれない」と。

仕事の向き不向きなんてわからないものです。そこがわからないまま、ほとんどの人は会社の知名度や規模、待遇などで就職先を選んでしまいます。運よく入社できれば、あとはもうライバルに負けないように頑張るだけです。

「この仕事は自分に向いていないのでは？」と思うことがあっても、それを理由に転職する人はまずいません。

つまり、定年後の20年というのは、仕事を自由に選べるという意味では、思いがけず天職に巡り合えるかもしれないという楽しさも隠されているのです。客と対面で接するサービス業だって、あるいはドライバーだって、やってみれば楽しい仕事だと気がつくかもしれません。

ちなみに、介護福祉士の資格に年齢制限はありません。いくつになっても働ける業種や仕事が意外に広がっているということです。

定年後の仕事というと「いままでの経験やキャリアを活かせる仕事」にこだわりがちですが、それでは業種が限られてしまいますし、だいいち同じことの繰り返しになりかねません。もちろん即戦力として重宝されるかもしれませんが、まったく新しい世界に出会えるという楽しみを持ったほうが、より自由な20年間を過ごせるはずです。

定年後のほうが伸び伸び働ける⁉

「50代は貧乏くじ世代」とプロローグにも書きました。

とくに団塊ジュニア世代は就職氷河期を生き延びてきていますから、「組織で働くのはもうたくさんだ」という気持ちがあります。

「正社員になれずに派遣や非正規雇用で苦労している連中を間近に見てきた。こっちだってパワハラに耐えながら正社員にしがみついてきた。やっと定年を迎えたというのに、またただのアルバイトになり下がってまで働くのは耐えられない」

そういう気持ちになってしまう人もなかにはいるかもしれません。

けれども正社員にもそれなりの苦労がありました。給料は上がらない、締め付けは厳しい、リストラや配置転換にも脅《おび》え続けた気の休まらない会社人生でした。

定年後の働き方は違います。もう職場にしがみつく必要はありません。限られた拘束時間の中で自分の持ち場の仕事さえこなせばいいのです。

まったく経験のなかった仕事だとしても、だてに長く正社員で働いてきたのではありません。その職場内の人間関係や上司の器量、もちろん仕事そのもののコツやポイントもすぐにわかってきます。

しかも時間が来たら仕事は終わりです。誰にも遠慮せず職場を離れることができます。

定年後の仕事はあくまで家に閉じこもって暮らさないための居場所確保です。月に数万円の収入しか生まないとしても、外に出て働く場所があると毎日に変化が生まれます。そしてわずかの収入でも自由に使っていいおカネですから張り合いも出てきます。

そう考えていくと、アルバイトだからやれるんだということになります。

「面白そうだからやってみるか」といった軽い気持ちで仕事を選んでいいし、性に合わないとか、神経が疲れると感じたらさっさと辞めていいのです。

たとえば、映画業界も人手不足です。エキストラがなかなか集まらないだけでなく、撮影現場で細々した雑用をこなしてくれる人が不足しています。特殊な技術を持っていなくても、スタッフや出演者の間の連絡業務とか、ロケのときに撮影現場の見学者整理のような雑多な仕事を受け持ってくれる人が不足しているのです。そういう仕事でしたら、人当たりの柔らかい高齢者のほうがむしろ喜ばれます。友人や知人が映画業界にいるようでしたら当たってみる手はあります。

「この齢になって、まさかこんな業界で仕事ができるとは思わなかった」

そんな思いがけない楽しみが、定年後の仕事には待ち構えていると思ってください。

齢を重ねるほど、夫婦それぞれ自由な生き方を

もちろん、「もう働きたくない、年金だけでのんびり暮らしたい」というのでしたらそれでもいいでしょう。

ただわたしは、たとえ年金だけで暮らせる夫婦や高齢者だとしても、身体が元気なうちは週に1日2日でもいいですから外で働くのはいいことだと思っています。

理由は2つあります。夫婦だけ、あるいは一人暮らしの高齢者になっても、仕事で外の空気に触れることが脳の刺激になるからです。そしてたとえわずかの収入でも、働いて得たおカネは誰にも遠慮せずに使えます。月に数万円でもプチ贅沢ができるし、そのおカネを蓄えれば年に一度は思い切った贅沢だってできるからです。

「定年後はもう贅沢はできない」と諦めてしまえば、楽しんで生きるとか好きなことをやるという人生設計だって根本から崩れてしまいます。「我慢の20年」を50代から受け入れてしまったら、定年までの10年も我慢だけを強いられてしまいます。

もうひとつは、夫婦だけの暮らしになったときに、それぞれが家庭以外の居場所を持っているというのは気分的に楽だというのがあります。

三度の食事を向き合って食べる仲のいい夫婦でも、週に2、3日のアルバイトで外の空気を吸う時間があればお互いに息抜きができるからです。話題も広がるし、どちらも勤めのある日は外食で気分を変えることもできます。

ここまで男性中心の話題が多くなってしまいましたが、辛かったのは女性でも同じです。女性の職場進出が増えてきた時代ですから、当然のことです。職場でも家庭でも苦労が絶えなかったでしょう。

正社員として勤めなくても、給料の上がらない夫に代わって少しでも家計を支えるためにパートやアルバイトを続けてきた妻は多いと思います。夫の勤務時間が長くなればどうしても家事も受け持つことになります。加えて子どもの教育にも時間を取られますから家庭を持った女性にとっても辛くて気持ちの休まらない年月だったということになります。

さあ、ご主人が定年を迎えました。どうしますか？

「夫がリタイアしたのにわたしだけパートを続けるなんて不公平だ」

「ずっと夫が家にいたら気持ちが休まらないからやっぱりパートに出たい」

不公平と思ってしまうのは自分だけ働くからです。でもその収入は妻が自分の自由にしていいおカネです。それに何と言っても、週に何日かは外の空気に触れるし、友だちと食事したり短い旅行に出かけることだってできます。

そうなれば夫のほうも「たまにはオレも」と言うことになります。お互いに相手を束縛せずに自由な生き方ができるのです。定年後の仕事は自由になるためと割り切ってみましょう。

やってみたいことをひとつずつ思い出してみる

50代が「定年から」を考えたとき、真っ先に浮かんでくるのが仕事と収入を失うことの不安だとすれば、まずそれを吹き飛ばしていただきたくてここまで説明してきました。

仕事と収入の不安が小さくなれば、つぎは定年後の20年をどう楽しむかということです。やりたいことをやる、いままでの会社人生や家事や子育ての人生からせっかく抜け出せるのですから、やりたくてもできなかったこと、諦めていたことをどんどん楽しむしかありません。そのための自由ならあるのです。差し当たっての収入も確保できます。

ところが、辛さに耐えて生きてきた50代ほど、自由な時間を持て余してしまいます。

現役時代にこれといった趣味や続けてきた勉強もなかった人が多い世代ですから、いざ定年で自由が手に入っても何をしていいかわからないというケースが多いのです。

そこでまず、「遊び」と「仕事」の2つに分けて考えてみましょう。

ここで仕事を持ち出したのは、自分がほんとうに好きな仕事や生き方に出会えたら、それで食べていくことを考えてもいいからです。といっても、いまさら大きな利益は求めなくてもいいのですから、あくまで「好きなことを仕事にする」という感覚です。

遊びは自分が楽しいことや、好きなことならなんでもOK。旅行やカメラ、絵や音楽や映画、本を読んだり、博物館や美術館巡りでもいいし、もちろん食べること、料理すること、あるいはお酒を飲むことでもいいのです。日本酒の好きな人があちこちの蔵元を訪ねてめったに出会えない自慢のお酒を楽しめたら幸せな気持ちになるでしょう。

旅行ひとつ取り上げても日本の隅々を車でのんびり訪ねまわったり、温泉や蕎麦や寿司と組み合わせたり、もちろん海外の好きな国や街を選んでアパートを借りてそこでひと月ほど暮らすような旅でもいいです。

こういうことはわたしがあれこれヒントを挙げるより、自分がやってみたいこと、一時期憧れたり、熱中したけど時間が取れなくなって中断したことを思い出してみるのがいちばんでしょう。

10代のころの夢から始まって、学生時代、就職活動に入ったころ、実際に働き始めたころに頭に浮かんだ「これができればなあ」とか「やってみたいなあ」といった憧れでもいいです。とにかくひとつずつ思い出していけば、「いまならできる」とか「じっくり取り組んでみるかな」と心動かすものがきっと出てくるはずです。リストアップしていけば、だんだん具体的なイメージが浮かんできます。

やりたいことがあれば、いまから少しずつ始める

もうひとつ、大事なことがあります。

やってみたいことがはっきりとしてきたら、いまからジワリと始めてみることです。

リストアップで終わらせないで、できることから取り組んでみましょう。たとえば、定年を迎えたらゆっくり日本中を回ってみたいというのでしたら、50代のうちに休日と有給を組み合わせて1週間程度の旅に出ることぐらいできます。

「楽しみは後にとっておこう」と我慢するのでなく、「まずは予行演習」と考えて出かけてみることです。もう会社への忠誠心や存在感を見せつけることはやめていいのです。「あの人、休暇をしっかり取ってあちこち旅行しているみたい」と思われたほうが存在感を薄めることもできます。

小さな旅行でも、何度か繰り返しているうちに自分に合ったやり方とか、楽しみの見つけ方がわかってきます。社寺仏閣の好きな人なら、「そうか、宿坊を泊まり歩くのも面白いな」と気がついたり、料理の好きな人なら、「自炊できる宿に泊まって地元の食材を食べまくるのもいいな」と気がつきます。蕎麦好きなら、「まさかと思うような山奥の蕎麦屋を食べ歩こう」という楽しい計画を思いつきます。

すると、定年後の旅行にもテーマや目的が絞られてきます。漫然と旅行しても仲間がいないと飽きてきたりだんだん情熱が薄れたりしますが、自分だけのテーマや目的を持っている人は、80歳過ぎても一人で旅を楽しむことができます。

絵や楽器を習うことでも同じです。

誰かに習う、サークルに入る、どちらにしても最初は基本を繰り返さなければいけません。それがいちばんつまらなくて我慢しなければいけない段階です。しかも周囲は自分より上手な人ばかりですから、定年後から始めると情けない気持ちになってきます。なかなか上のレベルに行けないと「わたしには向いてない」と投げ出したくなります。

でも50代から習い始めていれば、基本にも焦らず取り組むことができます。「仕事の息抜きにはちょうどいいな」くらいの気持ちで続けることができます。それを10年続ければ、どんな習い事でも初心者レベルから抜け出すことができます。

すると定年後の本格的なレッスンに入っても自信を持って続けることができます。仮に50代の段階で「わたしには向いてない」とか、もっとやりたいことが見つかったらきっぱり諦めて新しいことに挑戦できます。それだけでも定年後の20年を迎えたときにいいスタートを切れるのです。

仕事に振り回されるのはバカバカしい

定年前のいまがスタートの時期と思うことで、残りの10年（せいぜい65歳まで）が大きく変わってくるはずです。いままでは「我慢の10年」と言い聞かせていたのが、「さあ、始めるか！」というワクワクした10年になるからです。少なくとも、頭の大部分を占めていた「何とか定年まで頑張りぬかなければ」「ここで大きな躓《つまず》きは許されない」といった息苦しさや悲壮感は小さくなるはずです。

「仕事なんかに振り回されている場合じゃない」と気がつくからです。「残りの10年より定年後の20年のほうが大事だ」と気がつくからです。

しかも何を始めるにしろ、それ自体にプレッシャーはありません。資格を取るための勉強でしたら合格しなければというプレッシャーはありますが、好きなこと、やりたいことを楽しむための準備ですから楽しみながらでいいのです。もちろん起業や事業に必要な資格があったら勉強しなければいけませんが、その場合でも、好きなことやりたいことで食うための勉強ですから動機づけも簡単にできます。つまり、モチベーションを高めながら向き合えるはずです。

たとえば営業のように外回りの仕事が多い人でしたら、定年後の楽しみとして小さな商い探しもいいでしょう。郊外や地方を歩いているときに、「こんな場所でこんな店が商売になるんだろうか」と思うことがあります。こじんまりした雑貨屋とか喫茶店、民芸や手芸の店などです。

そういう店を見かけたら中に入って内装や展示の様子を眺めたり、気に入ったものを買ってみて店主にいろいろ話を訊《き》いてみると、「なるほどなあ」と気がつくことが出てきます。初老の夫婦がのんびりと店番したり、若い女性が一人で商品を並べたりしています。

「ガツガツ働かなくても、定年後はこういう生き方だってできるんだな」と気がつけば、外回りの仕事にも楽しみが出てきます。

すると売り上げや契約のことだけ考えて外回りをしていたときより、仕事にも余裕が生まれます。

「給料貰いながらいろいろ見学できるんだから、そんなに悪い身分でもないな」と気がつけば、残りの10年も余裕を持って乗り切れるような気分になるものです。

第2章

「意欲の低下」をどう乗り越えるか

「変化を好まない」は黄信号

この章では〝意欲の低下〟について考えてみます。

理由は2つあります。

1つはまず、意欲を生み出す脳とされる前頭葉の機能は20代をピークに低下していくからです。

まだもの忘れもそれほどひどくなく、思考力や計算力だって衰えを感じない50代にしてみれば、「もう脳の老化が始まってしまうのか」と驚くかもしれませんが、前頭葉だけは違います。思考力や論理力や計算力を受け持つほかの部位に比べて、その機能が低下するのが早いのです。

20代をピークに下り坂を迎えてしまいますから、早い人は40代から、50代ともなれば意欲の低下をはっきりと自覚する人が増えてきます。決して他人事ではないということです。

たとえば「変化を好まない」とか、ふだんの習慣や前例踏襲を守ろうとするといった心の動きもそのひとつです。「いつもと同じ」がいちばん安心できるようになってきます。

当然、何か新しいことをやってみようとか、「ものは試し」という発想が減ってきます。好奇心も薄れてきますから、一日が漫然と流れてしまい、本人はそのことでむしろ安心するようになります。

もちろん前頭葉にはさまざまな機能があって、たとえば感情のコントロールなどもそのひとつですが、機能が低下することでちょっとしたことで腹を立てたり、自分の意見に固執するようになります。ひと言でいえばだんだん頑固になってくるのです。

2つ目の理由は、意欲が低下してしまったら、定年までの10年間はもちろん、その後の自由になれるはずの人生も輝きを失ってしまうからです。ただ漫然といつもと同じ日課を繰り返し、新しいことを始めてみようとか、面白そうだ、楽しそうだと新しい世界に興味を持つこともなくなります。

ふだんの仕事だっていままでのやり方に固執し、人間関係も固定して飽き飽きするような毎日になります。でも本人はそれで安心しているのですから意欲の低下には気がつきません。定年後の人生にもとくにワクワクすることもないでしょう。

これではせっかくの自由が手に入っても、「会社時代は良かったな」と過去を懐かしむだけになってしまいます。自由を謳歌《おうか》するどころか、不自由だった時代を懐かしむようになったら定年後の20年はたちまち色褪《あ》せたものになってくるはずです。

仕事、人間関係、毎日の習慣に変化を持ち込む

残りの会社人生を定年後の準備期間と割り切るためには、毎日の仕事に対してできるだけ気楽に、しかも新鮮な気持ちで向き合う必要があります。

これは当然のことで、毎日の仕事が重苦しく、うんざりするほど飽きてしまえば、会社に行くだけで苦痛になります。まだまだ現役、しかもベテラン社員としてそれなりの成果や実績を積み重ねなければいけません。前章では「残りの10年は定年後の助

走期間」と書きましたが、ふだんの仕事で消耗してしまえば助走もできないことになります。

しかも50代になると、新しいことに取り組む意欲が薄れてきます。何かを習い始めるとか勉強し始めるとか、あるいは旅行に出るようなことも「億劫《おっくう》だな」とまず考えてしまいます。毎日の業務で消耗するようになると、休日や退社後に何か新しいことを始めるなんていよいよ面倒になってくるはずです。

そこでまず、50代は定年までの10年を軽やかに乗り切ることを目指しましょう。

そのためには変化をつけることです。どんなに慣れた仕事、慣れたオフィスや仕事場、代わり映えのしない顔ぶれだとしても、ちょっとした工夫で変化が生まれます。

たとえば仕事ならやり方を変えてみる、任せられるものは後輩や新人に任せてみて自分は新規の案件に取り組むといったようなことです。

職場の人間関係も同じで、いつも同じ部署の人間とつき合うのでなく、ふだんやり取りのない部署、たとえば営業でしたら経理や人事の担当者とつき合ってみるようなことです。顔も名前も知っているのに、あまり話したことのない同僚というのは案外多いものです。

通勤や退社後のコースもほぼ固定されているはずですから、これもどんどん変えてみましょう。

そうやっていろいろ変化をつけてみると、飽き飽きしていた仕事や職場でも「案外、知らないことが多いものだな」と気がつきます。ほかの部署の同僚と思いがけずも趣味や考え方が似ていたり、美味しいラーメン屋を紹介されたりします。

軽い気分さえ取り戻せば、定年後の20年にも楽しみな計画をあれこれ持ち込むことができるはずです。

どうせなら楽しく働きたい残りの10年

服装も変えてみましょう。いまは職場でもダークスーツにネクタイという時代ではないのですから、思い切ったファッションでも案外、「お、大胆だな」と注目されるかもしれません。

そういった意識すればすぐにできそうなことから変化を持ち込んでみると、自分の仕事や職場に退屈を感じることだけはなくなってくるはずです。「今日は何を試してみるかな」と考えるだけで、うんざりしている仕事にも軽い気分で向き合えるようになります。

ネクタイ不要の部署や社風なら、夏は涼しい半袖シャツやポロシャツ、それも明るい色を選んでも問題ありません。アロハシャツだって咎《とが》められることはないはずです。

首回りが解放的になると気分も解放的になります。実際、オフィス街を昼休みの時間に歩いてみると「ここは観光地かな」とか「今日は休みの会社が多いのかな」と思うときがあります。それくらいカジュアルな服装のビジネスパーソンが歩道やカフェに溢《あふ》れています。

そういう中で、相変わらず地味な色のパンツや靴を履き、首の窮屈そうな服装をしているのはほとんどが50代のビジネスマンです。業種によっては若い社長がTシャツ一枚なのに、年上の部下がスーツ姿だったりします。遠慮のいらない世代のはずなのに、なぜか50代は縮こまった印象すら与えます。

　そこでぜひ心に留めていただきたいのは、もう誰にも遠慮のいらない世代なんだということです。入社以来、十分に貢献してきたし薄給にも甘んじてきました。管理職に就いていようがいまいが、バブル以降の不況にあって会社を支えてきたのが50代です。若い社員だって何となく煙たがっているのは、50代が気難しそうに仕事しているからかもしれません。

　それがアロハシャツ姿で出勤してくれれば「おや？　イメチェンかな」となります。あなたはただニコニコしていつもどおりに仕事を片づけるだけでいいのです。職場の中で超越した存在になってみる。それくらいの変化を持ち込む気持ちになってみましょう。

　おそらく、いま例に挙げたファッションなら、職場に帰属意識を持たない世代にとってはごくふつうのファッションだと思います。50代が「やり過ぎかな」と思う程度のことはありふれた行動でしかないのです。自分では「派手過ぎないか」とか「目立ち過ぎるかな」とか「これはやり過ぎだろう」と思うようなことでも、自分が作った職場のルールに縛られているだけかもしれません。何せ入社以来30年間、生き延びるのに必死でしたから、無意識のうちに自分にたくさんのルールを課している可能性があるのです。

定年まであと10年、ここでその殻を打ち破って伸び伸びと、楽しく過ごしてください。そのためにはまず変化をどんどん持ち込んでみることです。この10年で気持ちの若々しさや意欲すら失ってしまったら、ゴールはできてもそこからの再スタートは難しくなってしまいます。

「社名」「肩書」を外した名刺を作っておく

勤めていた出版社を30代で辞めて、サブカルチャーをテーマにしたライターになろうと決心した男性がいます。

この人は辞める前からその準備のために、仕事の人脈を活かして興味のある作家や漫画家、映画監督やデザイナーと会っていろいろ交流を広げていったそうです。

そのとき、パーティで話し込んだある映画監督から名刺を渡され、自分も名刺を出そうとして持っていなかったことに気がつきます。「どうせ辞める会社の名刺を持ち歩いてもしょうがない」と思っていたのです。

そこで理由を話して「名刺は持ち合わせていません」と謝ると、映画監督は「そういう事情ならなおさら名刺を作らないと。会社名も肩書もいらないよ、キミの名前と連絡先さえわかればいいんだから」と言われたそうです。

「人間なんていつどこで縁ができるかわからないんだし」とも言われました。

定年後の20年を見据えてその準備を始めようと思えば、いまの所属や肩書から抜け出す気持ちが大切になってきます。フリーランスの個人に戻る時間のことです。その時間にやってみたいことを楽しんだり興味のある分野を勉強し始めることになります。

当然、いろいろな人と出会います。旅先で意気投合したり、好きな分野を教えてくれるような人です。ふらりと入った居酒屋で、隣り合わせた客と話が弾むことだってあります。思いがけない師と出会えるかもしれません。相手がたとえ大学教授の名刺を出したとしても、あなたはあくまで個人なのですから肩書のない、名前だけの名刺を渡しても恥じることはありません。

「いまはまったくの初心者ですがこれから勉強しようと思っています」でいいのです。長く勤めていると名刺は会社名と所属部署や肩書が付くものだと思い込んでしまいます。ところが自分の名前と住所と連絡先（メールアドレス）だけ記された名刺は、作ってみると意外と便利なものです。何か清々しい気分にさえなります。

名刺なんてネットでもすぐに注文できるし安いものです。でも肩書のない名刺を誰かに渡すたびに、自信がついてきます。あと10年で誰もがフリーランスになるのですから、その準備の意味でも自信をつけていきましょう。

「アウトサイダー」の友だちを見つける

会社に所属していると仕事の名目でいろいろな業種の人と会えます。50代ともなれば、いままでの経験からすでにさまざまな人脈ができているかもしれません。

でもそのほとんどは仕事を通じたつき合いですから、取り引きや交渉が終わってしまえばつき合いも終わります。名刺だけの人脈はあっても意外に中身は薄いのです。

そこでこれからの10年は、できるだけ「アウトサイダー」とのつき合いを心がけるようにしてください。アウトサイダーというのは、たとえば社内でいえば「変わり者」のことです。組織や集団の外にいて、何となくみんなと距離を置いているような人間です。「彼はマイペースだから」「彼女はよくわからない人だから」と声をかけるのをためらわせるような人のことです。

あるいはどんな派閥やグループにも属さない人たちです。「同じチームだから」「リーダーの言うことだから」といった理由で同意したり支持するのでなく、所属に関係なく自分が納得できる意見や主張には同意します。対立するグループであっても納得すればその意見を支持します。

そういう人間は「お前はどっちの味方なんだ」と仲間に反発されますが、「いいものはいい」「悪いものは悪い」という明快な基準で判断しますから動じません。いわゆる「属人」ではなく「属事」、「誰が言ったか」より「何を言ったか」で判断しますからブレないのです。

つまりここでいうアウトサイダーとは、「しっかりとした自分の物差しを持っている人」ということになります。リーダーや身内の意見に振り回されるのでなく、あくまで自分の判断で行動する人です。

なぜわたしが、そういう人たちとつき合おうと勧めるのか説明します。

定年後はもう、自分の興味や楽しみ、あるいはやってみたいと思うことだけに突き進んでいいからです。周囲に合わせる必要はないし、嫌いな人間とつき合う必要もありません。

ところが現役時代に、周囲の意見に合わせる習慣が身についてしまうと、定年を迎えても何となく周りの評判とか序列にこだわってしまいます。「この人はみんなの評判もいいしリーダー役だからつき合ったほうが得だろう」といったような感覚です。

反対に周囲があまり関わろうとしない人、ちょっと個性の強い人やクセのある人は避けてしまいます。「たぶん、いままでにいろいろあったんだろうな」と想像するからです。

でもその人を「面白そうだな」とか「個性的だな」と感じたらつき合ってみればいいし、話が合って「一緒にやってみるか」となったらやってみればいいのです。そういう自分にとって刺激的な人や意欲を掻《か》き立ててくれるような人こそ、どんどん新しい世界を拓《ひら》いてくれる可能性があるからです。

「いつもの店」「いつもの顔ぶれ」が意欲を失わせる

50代ともなれば退社後の過ごし方もほぼパターンが決まってしまいます。

たとえばお酒が好きな男性でしたら、会社から駅に向かう途中に馴染みの店があって、そこにいけばべつに示し合わせなくても待ち構えていたり、後から入ってくる同僚がいるような店です。

店の主人や女将とも顔馴染みですから、安心していつもの席に座ることができます。注文する料理もお酒の種類もほぼ決まっています。一緒に飲む同僚ともとくに珍しい話はなく、いつものように誰かの噂とか仕事の愚痴話です。

それでもお酒が入れば何となく元気にはなりますが、いつもと同じ時間に店を出て駅に向かい、電車に乗りこんで家に向かうころには酔いも元気もなくなっています。それもそうですね。代わり映えのしない時間を過ごしただけですから、これといって気持ちが切り替わることもないし、高揚することもないからです。

本章でなぜ「意欲の低下」を取り上げたのかといえば、50代で意欲が低下してしまうと、定年後の20年を溌剌《はつらつ》と過ごすことができなくなるからです。勤めている間は、少しぐらい意欲が衰えても日々のノルマや時間割がありますからそれに追いかけられるように動き回ることができます。意欲があろうがなかろうが、やることはやらなければいけません。

でも定年後は違います。もうノルマも時間割もないのですから、あなたを追い立てたりけしかけたりするものはありません。極端なことを言えば、何もやりたくないのなら、やらなくていいのです。

でもそうなってしまうと、ただ退屈で長いだけの20年になってしまいます。そんな定年後の暮らしなど誰も望んでいないはずです。

ところが困ったことに、意欲の衰えというのはなかなか気がつきにくいのです。体力の衰えのように実感できないし、健診のように数値に表れるものでもありません。

ただ原因はわかっています。前述したとおり「前頭葉の老化」です。それ以外の原因ももちろん考えられますが、これといった身体の異常もなく、あるいはうつ病のようにいつも気持ちが落ち込んでいるといった状態でなければ、まず前頭葉の老化を疑ったほうがいいでしょう。なぜなら前頭葉の機能低下は自分で食い止めることができるからです。そのいちばん簡単な方法は、ふだんの暮らしや仕事、人間関係の中にどんどん変化を持ち込むことなのです。

「いつもの店」「いつもの顔ぶれ」はたしかに安心かもしれませんが、むしろ少しぐらいの不安を感じてもいいから初めての店、初めての顔ぶれの中に自分を放り込んでみてください。ワクワクしたりドキドキするような体験こそが前頭葉を大きく刺激してくれます。

長期のリモートワークは要注意！

50代はまだまだ身体の老化が進む年齢ではありません。少なくとも筋力や運動機能といった日常生活に欠かせない体力は変わらず維持しています（筋肉の量そのものでいえば、50代は20代に比べて10パーセントの低下にすぎません）。ハードワークが続けば「齢かな」とか「疲れやすくなったな」と感じることは増えてきますが、現役のビジネスパーソンである限り、毎日の通勤や帰宅、仕事中の歩行距離だって筋力維持には十分な運動量になるからです。

それもそのはずで、車での移動が多い地方の勤め人に比べて都会（首都圏）の勤め人は自宅から最寄り駅、通勤の乗り換え、ターミナル駅での歩行とかなりの距離を毎日歩きます。しかも通勤ラッシュの時間帯はみんな急ぎ足ですから、周囲に合わせて歩けば結構な運動量になります。

定年を迎えていちばん変わる生活は通勤がなくなることでしょう。週に5日、毎日厭《いや》でも30分からときには1時間ほど早足で歩いていた習慣がなくなります。自宅にいればほとんどが座っていますが、職場にいれば社内を動き回ったり外出したりします。昼休みも含めてなんだかんだと歩き回っているのです。

それが全部なくなったら運動量は激減します。たまの外出や休日の遠出ぐらいではとても追いつかないのです。しかも60代後半から70代ともなると、使わない筋肉はどんどん失われていきます。気がついたときには少しの歩行で息が上がったり、歩いても足元がフラフラするようになります。

加えていま、コロナの影響もあって在宅でのリモートワークが増えています。現場の仕事や販売・接客のような仕事は別として、事務系の仕事は出社を必ずしも義務付けられてはいません。やってみればそれで仕事は回るとわかってきましたから、束縛や社内のつき合いを嫌う若手社員には歓迎されていますが、50代は必ずしも喜べません。

なぜなら毎朝の通勤や退社後の寄り道も含めて、一日の運動量が大幅に減ってしまうからです。本人は「楽だな」と思うかもしれませんが、職場では気を張って自宅ではくつろぐという ON／OFF の切り替えがなくなって、一日が何となく気の抜けない時間になってしまいます。これで精神的にかえって疲れてしまうのです。

しかも出社しなくなれば必然的に会話が減ります。雑談のような気楽な会話でも人と話すことで気分が軽くなったり笑ったりします。同僚との飲み会のようなストレスを発散させる機会も減りますからだんだんうつっぽくなる人が増えてきます。

そういうときでも、定年後の20年に自分がやりたいことや楽しみな世界を見つけている人は、在宅のままでも ON／OFF を切り替えることができます。「ここまでは仕事」「さあ、ここからは好きな読書だ」と切り替えることで、同じ一日、同じ部屋にいても変化をつけることができるからです。

リモートワークというのは、運動量や会話の減少に加えて一日の中の変化を奪っていくということは心に留めておいたほうがいいでしょう。

会社以外の人間関係を広げておく

リモートワークはコロナが5類に移行されても一定の定着を見せています。職種はある程度限られますし、出社と在宅の比率もさまざまですが、通勤に時間のかかる首都圏では約4割の定着率になっています。

それによって社内での会話が減って前頭葉への刺激が弱まる懸念はありますが、必ずしもそうとは言い切れません。

ある50代の会社員は近所に顔見知りが増え、話し込むことが多くなったと言います。

「通勤がないから昼休みに近所を散歩したり、その日の仕事が終われば駅前の商店街に出かけたりする。そこで何となく話しているうちに急に親しくなったりします」

これはあると思います。自宅近所の同世代というのは、家族構成が似ていたり同じころにマイホームを購入していたりします。子どもがいれば同じ小学校を卒業していたり共通点が多いのです。

でも女性は奥さん同士の会話やネットワークができたりしますが、男性は近所に住んでいてもほとんどつき合いがありません。

しかも仕事もまちまちですから、いろいろ話してみると「へえー!?」と驚くようなことがいろいろ出てきます。趣味が同じだったり、ときには大学が同じだったりするとたちまち仲良くなります。

そういうときはむしろ、違う会社、違う職種同士のほうがざっくばらんな話ができます。

近所とわかればつぎの約束もしやすいし、趣味が同じとわかれば「こんど一緒に釣りにいきましょうか」となります。

そういう友人ができると、定年後も気楽なつき合いができます。何かやってみたいことができれば声をかけて一緒に楽しむこともできるでしょう。

ただし注意したいこともあります。

近所のつき合いというのは、あまり近づきすぎると遠慮がなくなって負担に感じることあるからです。言うまでもないことですが、話してみて自分が楽しいと感じる人、共感できることの多い人とつき合えばいいのであって、近所だからという理由で仲良くしなければいけないということではありません。

おカネを使うことを楽しんでもいい

定年後は「慎ましく暮らさなくちゃ」とほとんどの人が考えます。

「どんなに時間は自由でも収入は限られているんだから、長い老後のことを考えると贅沢はできない」

「自分がいつ大病したり夫が（妻が）倒れるかわからない。蓄えはいくらあっても困ることはない」

そういう理由からですが、50代でも同じだと思います。むしろこれから未経験の老いを迎える分だけ不安も大きいのですから、少しでも貯金を増やそうとすればいっそうの節約を心がけるかもしれません。

でもほとんどの50代は、ここまでにもずっと倹約して暮らしてきたと思います。「子どもが独り立ちするまでは」「家のローンが終わるまでは」と考えればどうしても我慢を強いられます。教育費を積み立てたり、マイホームの購入資金を作るときだって節約を強いられました。

そういう長い倹約生活を続けてくると、何か楽しいことを思いついてもつい我慢を言い聞かせてしまわないでしょうか。

「ゆっくり海外旅行するなら身体が元気なうちだな」とか「たまには予約の取れないレストランでコース料理を楽しんでみたいな」と思いついても、「退職金だって当てにできない」とか「定年後の楽しみに取っておこう」と言い聞かせてしまいます。

でもここでも我慢を言い聞かせてしまって、果たして定年後に「さあ、贅沢しよう!」となるでしょうか?

とてもそうは思えません。むしろよりいっそうの節約制約を心がけるような気がします。収入が減ってボーナスもなくなれば、さらにおカネを使わない生活を心がけるようになるからです。限られた貯蓄を減らすことだけは避けたくなります。

わたしは50代ならもう、少しぐらいの贅沢をしてもいいし、むしろ50代だからこそたまには思い切っておカネを使ってもいいと考えています。もちろん老後の資金に対する考え方はそれぞれの夫婦や家庭によってさまざまですから、「そういう考え方もできるかな」ぐらいの気持ちで受け止めてもらってかまいません。

ひとつだけ言えることは、現役のビジネスパーソンである限り、しかも子どもが社会に出て独り立ちして家のローンにも目途《めど》がついているというのでしたら、むしろ50代こそ中身のある贅沢ができるということです。

車が好きな人は欲しかった新車を購入してもいいし、夫婦で1週間ほどヨーロッパに出かけてもいいし、国内の訪ねてみたい土地をゆっくり楽しんでもいいです。評判の寿司屋やレストランでもいいでしょう。

とにかく「実現したら楽しいだろうな」と思うことにボーナスを注ぎ込むくらいの贅沢は許されると思います。まだ現役なのですから胸を張って楽しんでいいのです。そうしておカネを使うことの楽しさを知っておけば、定年後にもたまの贅沢ぐらいビびらないでできるようになります。

節約生活に限らず、私たちは染み込んだ生活習慣とか生き方からなかなか抜け出さないことがあります。どんなに「定年後は自由を楽しもう」と願っても「でも贅沢はできない」と考えてしまうとやりたいことにもブレーキをかけてしまいます。「これっておカネの無駄じゃないか」と思ったら何もできなくなることだってあります。

50代がおカネを使う楽しさを知るというのは、そうならないためのトレーニングと割り切ってもいいはずです。

「もう50」ではない、「まだ50」である

老いの自覚には程遠いはずの50代ですが、気持ちの老け込みが始まるのも50代です。いくら身体が若くても、気持ちが老け込んでしまったら行動力も好奇心も弱くなりますから、実際にどんどん老いを自覚するようになってしまいます。

そこで気持ちの老け込みを追い払う簡単な「おまじない」を紹介しましょう。

何か新しいことを始めたくなったり、変化を持ち込もうとしたときに、「でももう50過ぎたんだぜ」と自分に言い聞かせることはないでしょうか。長かった会社人生の終盤に差し掛かった年代ですからどうしても残り人生の短さを意識します。

たとえば学生時代にバンドを組んでベースギターを弾いていた人が、「またステージで演奏してみたいな」とか「昔の仲間に声をかけてみるかな」と思ったようなときです。

バイクを乗り回していた人が、「久し振りに林道のツーリングに出かけて紅葉でも眺めてくるかな」と思いついたようなときです。

すると心に浮かんでくる言葉があります。

「もう50過ぎたんだぜ」という言葉です。

「昔の仲間だっていい齢だ。みんな会社でも忙しくなってそれどころじゃないだろう。ステージよりゴルフ場に集まったほうがいいか」

「バイクなんてもう10年も乗ってない。車庫に仕舞いっぱなしだからバイク屋に買い取ってもらおうか」

そう考えて、逆に齢相応の行動を選んだりしかねません。

これでは自分から老いを受け入れてしまうようなものです。

つまり「もう50」とつぶやいたとたんに、実際に老け込んでしまいます。

「まだ50」と考えればすべてが変わってきます。

「まだ50代の現役じゃないか。人生百年のやっと折り返しだ。これから何を始めても遅くないんだ」と気がつけば、新しいことにどんどんチャレンジしてみたり、興味のある世界を一から勉強することだってためらいません。

じつは年齢というのは、受け止め方一つでブレーキにもアクセルにもなります。たとえば自分が30代、40代のころを思い出してください。「もう30過ぎたのか」「40過ぎたんだから……」とブレーキをかけたり、妙に分別臭くなったことはありませんか。

いま思い出せばちゃんちゃらおかしいです。「何をためらっていたんだろう」と不思議になります。同じことは70代、80代でも起こります。

「まったく50代なんて若造なのに、なんであんなり年寄りぶっていたんだろう」と不思議になるはずです。「もう50」という言葉が浮かんできたら「まだ50」とすぐに改めてしまいましょう。同じ年齢でも受け止め方ひとつでどうにでも変わってくるからです。

第3章

老化を加速させる思考を改善せよ

「ねばならない」をいますぐ捨てる

入社以来30年も同じ職場で働いていると、頭の芯やら骨の髄にまで染み込んでしまった思考法があります。あんまり深く染み込んでいるので無意識に浮かんでしまいますから、そこから抜け出すのは容易ではありません。

でも「こういう考え方は自分が苦しくなるだけだぞ」と気がつくか、気がつかないままに従ってしまうかではずいぶん違います。気がつけば抜け出すことができるし、気がつかないままだと定年後も現役時代と同じ思考法を繰り返すしかなくなるからです。職場や仕事を通して染みついてしまった考え方に、定年後も縛られてしまうと自由なはずの20年間がいままでと同じになってしまいます。

染み込んだ思考法の中でいちばんやっかいなのが「ねばならない思考」です。

仕事や人間関係、あるいは日常習慣のさまざまな場面で「こうでなければならない」といった規範を持ち出してそれを守ろうとします。

「一度引き受けた仕事は最後までやり遂げなければならない」

「他人とのつき合いにわがままを押しつけてはいけない」

「その日やろうと思ったことはその日のうちに終えるべきだ」

こうして並べてみると、どれも至極当たり前の考え方のような気がします。大人なら誰でも心がけていることのような気がします。

でも定年後の20年を自由に楽しく生きようと思えば、こういった考え方に縛られる必要はありません。仕事に向き合う態度も、対人関係も、あるいは自分自身のスケジュールも、いままでより大幅に緩めていいからです。

むしろ自分の楽しみややりたいことを優先させようと思えば、

「引き受けた仕事はできるところまでやろう」

「人づき合いは自分の都合を優先させよう」

「その日の予定を明日に回しても困ることはない」

このような気持ちで気楽に構えたほうが、自分がやりたいことを優先させることができます。定年を迎えて仮に何かの仕事を週に2，3日やるとしても、もう責任やノルマに押しつぶされるのはバカバカしいのですから、あくまでマイペースで続ければいいはずです。ましてふだんの暮らしは自由度の高さがいちばんの取り柄です。こればかりは高齢者の特権です。

それを現役時代に染み込ませてしまった「ねばならない思考」で縛ってしまったら、やりたいことも好きなこともできなくなってしまいます。

そこでまず、50代のうちから少しずつこの思考法から抜け出していきましょう。引き受けた仕事でもノルマでも、何が何でもやり遂げなくちゃと思わなくていいのです。

「今日はもう十分」と思ったらその日の仕事は切り上げてください。頑張った挙げ句に「無理しなくても良かったのに」と言われることはしばしばあります。スケジュールも相手の都合にばかり合わせなくても、自分の都合を先に口にすればそれですんなり通ってしまうこともよくあることです。自分を縛っているものを緩めてみれば、それで案外丸く収まったりすることは多いのです。

仕事の「枝葉」を楽しむ

もちろん定年までの10年にもさまざまな義務や役割があります。組織に身を置き、チームで仕事をしている限り、マイペースに徹するわけにはいきません。

でもスケジュールやノルマ、あるいは利益や損得（いずれも仕事上の）に縛られて、結果を出すことだけを目標とするような仕事スタイルはそろそろ捨ててしまいましょう。50代ともなれば、ふだんの仕事のツボもコツも押さえています。若手の半分の時間と労力で片づけることができるはずです。

いつもですと、片づけてしまえば「さあ、つぎの仕事だ」となります。

それでは結局、仕事量が増えるだけになります。

長くビジネスの現場に身を置くと、どうしても「進める」ことや「終わらせる」ことに注力してしまいます。有能なビジネスパーソンほどスピード感が備わっているという思い込みがあります。

でも仕事を片づけることだけを優先させてしまうと、枝葉が楽しめません。たとえば気になる知識や情報、用語と出会ったときに、「これは本当はどうなっているんだろう」とか、「面白そうな分野だからもう少し調べてみたいな」と思っても、必要最小限の部分だけ利用しておしまいです。目の前の仕事のゴールを目指せば、寄り道している時間はないからです。

そこでゴールを慌てて目指さないで、寄り道や道草、ときには迷路のような細道を楽しむようにしてみましょう。それで時間が取られたとしても、1時間で片づく仕事が半日かかるようになるだけのことです。「お、いつまでもこんなところで遊んでいてはいけない」と気がつけば、慣れた仕事なのですから片づけるのもすぐにできます。

それより「この分野は面白そうだな」という発見があれば、「家に帰ったら調べてみるかな」となります。「休日に図書館で資料を探してみようかな」となるかもしれません。メーカーなら自社や他社の製品開発の歴史とか、奇抜過ぎて売れなかった製品の顛末《てんまつ》とか、愉快なエピソードがたくさん見つかるかもしれません。博物館に出かける気になるかもしれません。

とにかく仕事の枝葉を楽しむ気になれば、思いがけない分野やテーマにのめり込んでしまい、それが定年後のライフワークになる可能性だって生まれます。

そして何よりも、成果やスピードにこだわらない仕事にすれば楽しくなります。こういうのは定年を控えた50代の余禄と割り切ってください。

寄り道の楽しさに気づけば、10年は短くなる

仕事の寄り道や道草というのは、意外に時間を食ってしまうものです。勤務中につい、気になったことをネットで調べ始めたら夢中になってしまい、「もうこんな時間か」と慌てた経験は誰にでもあると思います。

そもそも何かに夢中になると時間はたちまち過ぎていきます。

じつはこのことも、私たちが忘れてしまっている大切なことではないでしょうか。

なぜなら学生時代も含めて、若いころから目標を立てるとゴール目指してとにかく頑張ってきました。受験でも就職でも同じです。社会人になってもこの習慣は変わら

ず、資格を取るとか昇進するためには、一つひとつの課題をクリアして最短距離を突っ走ろうとします。

そういう必死に努力している時期というのは、自分に道草や寄り道を禁じます。脇目も振らずに目標に向かってまっしぐらに進もうとします。だから毎日が辛いし、仕事でも勉強でも時間が長く感じます。まして苦手な仕事や勉強ほど時間はゆっくりとしか流れません。退屈な会議が続く日はなかなか退社時間にならないのです。

つまり私たちは、いままでずっとゴールを目指してその時間を我慢し続けてきました。

でも寄り道や道草というのはゴールを目指さない時間です。

ただ何かに夢中になって過ごしている時間ですからたちまち過ぎてしまいます。でもそれではどこにも着かないし、何の成果も生まれません。時間がもったいないのです。

定年後はどうなるでしょうか？

もうゴールはないし、期限までに達成しなければいけない目標もありません。好きなことや自分が楽しいことに夢中になっていい日々なのです。その感覚に、50代のいまから慣れておきましょう。

そうすれば、残りの10年なんてたちまち過ぎてしまいます。しかも好きなことに夢中になる習慣も身についてきます。

ちょうど子どもと同じですね。何かに気を取られると、宿題も忘れて夢中になります。定年後の20年はそういう子どもに戻っていい時間のような気がします。

楽しいことを考えられなくなる「決めつけ思考」

もうひとつ、50代のうちに抜け出しておきたい悪癖に「決めつけ思考」があります。

それなりに経験を積んできた世代ですから、この「決めつけ思考」もかなり深く染み込んでいてほとんど無自覚になっていることが多いのです。

たとえば、提出したプランが通らなかったとします。

すると「また課長が潰したな」と思い込みます。「以前からわたしのプランには反対ばかりしてきた。今度もきっとあの課長がケチをつけたんだろう」

この思い込みはほぼ確信です。経験に裏打ちされた確信ですから、それ以外のことは考えられなくなっています。

でもそう思い込んでしまえば、職場にいる限りあなたのプランは気の合わない上司に潰されてしまいます。気楽に仕事なんてとてもできなくなります。

果たして事実はどうなのか。若い社員がいつもユニークなプランを出して古めかしいベテランのプランは評価されないだけかもしれません。つまりあなたの発想が古くなってしまったのです。むしろその可能性のほうが高いというべきでしょう。

もしそうだとしたら、「ちょっと冒険プランを出してみるかな」「いっそ遊び気分で作ってみるか」と考え直すことができます。これなら仕事に変化も生まれるし、楽しさも出てきます。

こういう例はたくさんあって、「きっと△△に違いない」と決めつけてしまい、自分から悲観的になったり、周囲に根拠のない悪感情を持ってしまうと、職場も仕事もどんどん息苦しくなります。残りの10年を軽やかに乗り切るのは難しいでしょう。

定年後についても同じです。

「きっと身体が動かなくなって、あれこれ計画しても実行できないに違いない」

「おカネの余裕がなければ旅行にだって行けるはずがない」

そんな悲観的な決めつけをしてしまうと、楽しい計画を立てる気持ちにもなれません。

「こうに違いない」という決めつけは、いろいろ可能性がある中でたった一つの可能性、しかもほとんどの場合は最悪の可能性だけを膨らませてしまう思考法です。

でも現実は、あらゆる可能性に満ちています。まして将来のことはほとんどがわかりません。パーセンテージで考えるなら、10パーセントの悪い可能性を「こうに違いない」と100パーセントにしてしまうのが「決めつけ思考」です。

それなら同じ10パーセントの可能性でも幸運を信じたほうがはるかに気持ちが楽になります。どっちみちどうなるかわからないのですから、わざわざ悲観的な予測を信じる必要はないのです。

医者の説明こそ、「決めつけ思考」に陥っている

「決めつけ思考」の典型を紹介しましょう。

血圧の数値が高くて医者が「このままだと脳卒中を発病するよ」とあなたに告げたとします。その根拠としてご丁寧に数字を挙げてくれます。

「放置すれば脳卒中を起こす可能性が10パーセント、薬を飲んで血圧を下げれば可能性は6パーセントに減ります。発症率が倍近くも違います」

そう説明されると、たいていの人は「放置すればリスクが倍になるのか」と不安になります。

でも、放置しても90パーセントの人は発病しないのです。それどころか、薬を飲んで血圧を下げても6パーセントの人は発症する可能性があるということです。

つまり「このままだと発病するよ」という医者の言葉は完全な決めつけ思考ということになります。あなたの不安を煽《あお》っていうことを聞かせようとしているにすぎませ

ん。もちろん医者は医者で自分の治療法が正しいと思っているし、患者を脅すつもりもないでしょう。でも、いちばん確率の高い90パーセントのゾーンには触れないのですから決めつけ思考には違いありません。

どういう場面でもそうですが、可能性でいちばん高いのは「いろいろ考えられる」というグレーゾーンです。それを白か黒のどちらかだと決めつけてしまうと、結論も選択肢も限られてしまいます。

こういうことは人間関係でも起こります。

たとえば、あなたが嫌いなAさんをあなたと仲のいいBさんが褒めたとします。「彼はずけずけとモノを言うから敵も多いけど、根は正直でいいやつだよ」

するとあなたは仲がいいBさんも嫌いになります。「こいつ、Aの仲間なのか」と思うだけで「厭なやつだな」と決めつけてしまうのです。つまり「敵の味方は敵」という決めつけです。この思考法に捕まってしまうと、周りは敵か味方のどちらかに二分されます。実際には敵でも味方でもないグレーゾーンの人間がほとんどなのに、白か黒のどちらかに色分けしてしまうのですから、気楽なつき合いができません。自分で窮屈な人間関係を築いてしまいます。

こういう「決めつけ思考」から抜け出すには、どんな相手にもいいところと悪いところ、自分が共感できる部分と共感できない部分があるというごく当たり前のことを受け入れるしかありません。まして定年後の人間関係に敵味方を持ち込んでしまうと自分が楽しみたいことや、やってみたいこともできなくなります。「嫌いな人が混じっている」とか、「リーダーと合わない」といった理由で何かを習うサークルや勉強会にも参加できなくなるからです。

ではどうすればいいのか。

「この人、いいな」と感じたらまっすぐつき合えばいいのです。誰と仲がいいとか、どういうグループだとか、そういう色分けをしないで、自分が好きな人とつき合えばいいだけのことです。定年後はもう、組織も派閥も関係なのですから、繋がりや人脈ではなく友だち感覚で相手を選んでいいのです。

「どうせつまらない」で好奇心も失ってしまう

「決めつけ思考」の怖いところは、年齢を重ねるごとに強まってくることです。

それなりに経験を重ねてきますから、たいていのことにいままでの経験を当てはめて「たぶんこうなるに違いない」と予測します。

すると行動力が失われてしまいます。「やってみなければわからない」ではなく、「やらなくても結果はわかっている」と考えるようになれば、どんな行動も意味がないように感じてしまうからです。

「有名な観光地なんて人ばかりでどうせつまらない」

「名物に美味いものなしっていうじゃないか」

「遊園地なんて若い人しか楽しめないようになっている」

そういう考え方をしてしまうと行動力もどんどん失われてしまいます。「行ってもムダ」とか「やってもつまらない」と思い込んでしまったら、ジッとしているしかないからです。

「面白いから行ってみないか」と誰かに誘われても、「遠慮しておくよ」と断るようになれば、友人関係もどんどん狭くなっていくでしょう。いいことは何もないのです。

これでは好奇心すら失われてしまいます。定年後にせっかく自由な時間が生まれても、同じ習慣を繰り返すだけの毎日になってしまいます。自宅周辺を散歩するだけになれば、身体の衰えも進んでいきます。

つまり、好奇心すら失ってしまったら、定年後も毎日同じ日課を繰り返すだけの生活になってしまいます。やりたいことも好きなことも見つかりません。脳が刺激されることもなくなりますから、老化もどんどん進んでいくはずです。

そこで50代のうちに意識して変えていただきたいことがあります。「決めつけ思考」から抜け出すためには「やってみなくちゃわからない」「試してみなくちゃわからない」といった、まずは動いてみるという習慣を取り戻すことです。行動力があって好奇心も旺盛だった若いころには、そういう習慣や考え方が自然に備わっていました。

「どうせ失敗するから止めておけ」「無駄だから諦めろ」と言われても、「やってみなくちゃわからない」と考えました。親や学校の教師、あるいは職場の上司に諭されても「そんなこと、試してみなくちゃ答えは出ないじゃないか」と反発した人も多いでしょう。

事実その通りです。たとえば「どうせボツになるぞ」と上司にけなされた企画を思い切ってプレゼンに掛けたら思いがけずも取引先が乗ってきたとか、「何回通ってもムダ」と言われた新規の取引先にふと外回りのついでに立ち寄ってみたら「ちょうどいいところに来たね」といわれて取り引きがあっさり成功するようなことです。めったにないことかもしれませんが、「やってみなくちゃわからない」というのは年齢や経験に関係なく大事な考え方になってくるはずです。

「老い」は誰にとっても初体験の世界

「やってみなくちゃわからない」という発想は、若者や初心者の発想のように思われがちです。でも熟達した経営者でも、たとえばサントリーの創業者・鳥井信治郎は「やってみんことにはわかりまへんやろ」と言い続けて日本では無理と思われていたウイスキーの製造に成功しました。ユニクロの柳井正の「1勝9敗」も、あらゆることを試して9つ失敗しても1つ成功させればいいとする経営哲学です。さらにはセブン-イレブンの鈴木敏文もつねに「変化対応」を言い続けて消費者のあらゆるニーズに応じていく経営方針を打ち出してきました。「そんなことしても売れない」と思われたような小さなニーズにも対応してきたからいまの成功があります。

そういった経営者列伝を並べなくても、「やってみなくちゃわからない」はすべての50代に当てはまります。なぜならこれからの人生に待ち構えているはずの老いはすべての人にとって初めて経験する世界だからです。

まして自分が高齢になればどうなっていくのかは、誰にとってもまったくわかりません。予測のつかない世界に違いないのです。

そういう中で、「どうせできなくなる」とか「いまからじゃあ」と考えて何も実行しないというのはあまりに諦めが早すぎるというか、手に入るかもしれない楽しさや幸福感を自分から遠ざけていることにならないでしょうか。

齢を取っていくことは初めての経験で未知の世界のはずなのに、ほとんどの人が「大人しく暮らさないと」「派手な服装はみっともない」「食事は質素でいい」と言い聞かせてしまいます。

でも自分が定年を迎えて70代、80代と年齢を重ねても「まだまだ遊び足りない」「地味な服装は飽き飽きした」「肉なら毎日でも食べたい」と思ったらどうでしょうか。

その通りに実行していいはずです。

そういう老いの形もあるというだけのことで、少しも非常識ではないし、その人に似合うならそれが一番です。ましてそれで本人が満足できるなら幸せな老いということになります。

「やってみなくちゃわからない」の中には失敗や後悔、あるいは周囲に笑われることを恐れないという気持ちのほかにも、自分が幸せになれることに突き進むという気持ちが含まれているはずです。

「どう思われようがこれができたら幸せだ」と思えることがひとつでもあったら、それに向かって突き進むのが幸せな老いへの道だと思います。

「もう失敗はできない」が大きな悔いを残す

50代がつかまりやすい思考法の一つに「失敗を許せない思考」というのがあります。

「せっかくここまで実績を積み上げてきたんだ。いま大きな失敗をしたら全部パーになってしまう」

「これといった実績は残せなかったけど、大きな失敗だけはしなかったから生き残れた。定年まで地味でもいいからコツコツとやっていこう」

どちらにしてもリスクの大きい仕事は避けて地味にやっていこうという結論になります。

やってみたいことがあっても、リスクが大きいと思うと身を退いてしまいます。「若い連中に任せればいいんだ」と考えるからです。

でも会社によほど大きな損害を与えるとか、あるいはコンプライアンスに違反するようなことでもしない限り、50代の社員が失敗を理由に会社をクビになることはないでしょう。閑職に飛ばされたり、降格はあるかもしれませんが、失敗覚悟で突き進んだ仕事というのはそれなりに充実感を与えてくれるはずです。プロジェクトを組んでも個人でも、毎日、ドキドキワクワクしながら過ごすことができます。これだけでも前頭葉は大きな刺激を受けて若々しい気分を取り戻します。

それに言うまでもないことですが、失敗するとは限りません。思うような成果に結びつかなくても、新しい市場が開けたり事業の可能性が生まれるかもしれません。

そして残念ながら失敗に終わったとしても、会社人生の最後の最後で「やり尽くした」という満足感が生まれます。

「入社以来、これといって大きな出来事もない30年間だったけど、最後の最後でいい思い出を作れた」

そう考え直せば、「もう悔いはないな」という気持ちが生まれるかもしれません。会社人生に何の悔いもなければ、定年後の人生も新鮮な気持ちで迎えることができるでしょう。

わたしはべつに、失敗を勧めているわけではありませんが、やってみる前から失敗を恐れたら何もできなくなります。

失敗のない人生がほんとうに幸せで、あとで振り返っても満足できるのかという気持ちもあります。

むしろ失敗を恐れて何もしなかったほうが、大きな悔いを残すことがあるというのは、たぶんいまのあなたも、これまでの人生を思い出せばきっと納得できるはずです。

定年後の人生には、もう「失うものは何もない」

年齢を重ねるほどに失敗を恐れるようになるのは、もうやり直しが利かないからでしょう。若いころなら何度失敗してもやり直しができるし、立ち上がることもできますが、齢を取ってくるとそうはいきません。

やり直そうにも根気や体力が続かなかったり、大きな失敗をするとせっかく積み重ねてきたものまで失ってしまうかもしれません。どうしても守りの態勢に入ってしまい、いまあるものに固執するようになります。

では定年後はどうでしょうか。

もう失うものはありませんね。会社も肩書もキャリアもすべてなくなっているのですから、何も失いません。年金と何かの仕事で収入を得て暮らしているとしても、減らされることはないし、いきなり断ち切られるということもあり得ません。つまり、失敗してもダメージなんかないのです。

そう考えていくと、失敗を楽しめるのが定年後の人生ということにならないでしょうか。

「年甲斐もなく」とか「無理して動けなくなったらそれでおしまいなのに」といった周囲の目線を気にしたところで、好きなこと、やってみたいことを楽しんで生きたほうが本人ははるかに幸せなのですから何も問題ありません。

70歳で地元の合唱団に入り、80歳で初の海外公演、90歳を迎える来年はヨーロッパ三か国を回るツアー公演に参加しようとしている男性がいます。

最初は家族からも友人からも冷やかされたそうです。やれ「背中が曲がってタキシードなんか似合わない」とか「音痴のおまえが」「息が続くのか」「倒れたらステージが台無しだろう」……。

この男性は「わたしの夢だった」と平気でした。「トレーニングだって毎日欠かさない」「どんなに歌うのが好きでもプロの歌手にはなれない。海外公演なんて夢のまた夢なんだ」とひるみませんでした。発声練習は毎日欠かしませんから近所でも有名です。「すごいもんだ」とみんな感心するようになりました。

むしろ定年後のほうが途方もない夢の実現を目指すことができます。どんなに高齢になっても、自由になる時間だけは残っていること、失うものは何もないこと。唯一、妨げるものがあるとすれば、「年甲斐もなく」という自分自身へのブレーキだけでしょう。50代はもう、そのブレーキを外していい世代だと気づいてください。

第4章

「読書力」と「行動力」を鍛えておく

50代で読書の入り口に立っても遅くはない

50代はいま、どれくらいのペースで本を読んでいるでしょうか。

日本人の読書量についていろいろデータを調べてみると、少し驚くような数字が並んでいます。あらゆる年代を通じて月に何冊の本を読むのかといえば、ほぼ半数近くの人が0冊、つまり1冊も読んでいません。これに月1冊と答えた人を合計すると、およそ80パーセントになります。つまり日本人の大半はまったく本を読まないか、せいぜい月に1冊の本しか読んでいないのです。

日本人の読書離れは、この20年ほどで深刻になったとも言われます。SNSの普及で本を読むよりスマホを手にする時間のほうが圧倒的に増えたせいもあるのでしょう。雑誌も読まなくなりました。どんなニュースや情報も、紙媒体よりネットのほうが早いし、しかも必要な情報だけを素早く入手できます。

かつての通勤電車は文庫本や新書、あるいは新聞や雑誌を片手に読んでいる人が大勢いましたが、いまはほぼ全員がスマホの画面に見入って文字を打ち込んでいます。

ちなみに、本をまったく読まない人の比率はこの20年で10パーセント以上も増えているそうです。

若い世代の場合は紙の本から電子書籍に移ったというのがあるかもしれませんが、電子書籍の伸びもそれほどではないので、日本人が本を読まなくなったというのは大きな流れとしては事実なのです。

ただ年代別に見ていくと、50代より60代以降のほうが月に1冊も読まない人の割合が少なく、逆に月に2、3冊から数冊以上読む人の割合は多くなっていきます。仕事を辞めて時間ができるとか、スマホやSNSにそれほど時間を費やしていないといった理由だと思いますが、おそらく高齢者ほど子ども時代や学生時代を通して本を読む習慣が身についていたからでしょう。仕事の一線を退いて時間ができると、「読みたかった本が好きなだけ読めるんだ」と嬉しくなります。わたしが高齢者向けの本を書いて、想像以上に支持されたのもそういう背景があったからだと思います。

ただ逆に考えると、「時間さえあったらもっと本を読みたい」「読みたい本がたくさんあるけどいまは時間が足りない」といった一種の飢餓感、本を読むことへの憧れがなければ、たとえ定年後にあり余る時間を手にしても、漫然と時間が過ぎていくのではという危惧感がわたしにはあります。

いまさらここで読書の効用を説明しようとは思いませんが、好きなことを楽しむ場合でも、やってみたいことを学ぶ場合でも、あるいは知識の幅を広げたり掘り下げたりする場合でも、本を読むことは最初のステップになります。読書を通して身についた教養は人間関係を豊かにしてくれます。じつはわたしは、高齢期を充実させるためには、おカネより何より「教養」＝「思考の習慣」こそが大切だと思っているのです。

だとすれば、これからの10年は本との親しみを取り戻す時間と考えてもいいでしょう。その楽しさにさえ気がつけば、「そうか、定年後は好きなだけ本を読んで暮らせるんだなあ」という希望が生まれます。50代で読書の入り口に立っても、まったく遅くないどころか、むしろ定年を控えた50代こそがチャンスだと思っていいのです。

「もっと知りたい」は自然な動機づけ

「おカネより教養（思考習慣）」とサラリと書いてしまいましたが、その理由を説明します。

たしかに、おカネはないよりあったほうがいいかもしれません。でも、わたしはいままでたくさんの高齢者の方を間近に見守ってきました。

あり余るほどの資産や財産に恵まれていても、施設や自宅を訪ねてくれる人もなく、孤独に過ごす高齢者がいます。たまに訪ねてくる人がいても、「どうせカネ目当てだ」と不機嫌顔です。

反対にそれほど財産もなく、借家や公団住まいでも友人や知人がしょっちゅう顔を出して賑やかに、朗らかに過ごす人もいます。どこかで仲間が集まるときには声をかけてくれています。出かければまたその人を囲んでみんなが楽しそうにおしゃべりします。

どちらが幸せな高齢者でしょうか。どちらが快活な脳を保ち続けることができるでしょうか。どちらがいつまでも元気で、いろいろなことに興味や好奇心を失わずに過ごすことができるでしょうか。

いくつになっても人が集まってくるというのは、その人が朗らかで話が愉快だからです。面白いことを次々に話してくれ、機嫌も良くて相手の話もよく聞いてくれるからです。

つまり感情が豊かで、知的関心を失っていないからだということもできます。

いくらおカネを持っていても、過去の自慢話しかできなくて相手の話を聞かないような人には誰も近寄って来ないのです。ましてや自分の財産を守ろうとする人は、周囲に疑い深くなりがちですから心を開きません。むっつり黙り込んでいることのほうが多くなりますから、脳の老化もどんどん進んでいきます。認知症が進行するのも早いでしょう。

さまざまな知識や、その知識をもとにして考えたり推理したり、相手の話を理解できる人は、つねに脳が刺激されますからいくつになっても若々しい印象を与えます。

人気があるのも当然なのです。

しかも「知りたい」とか「考えを深めたい」というのは、自分の中から湧いてくる純粋な欲望です。動機づけ、つまりモチベーションとして自然で力強いものになってきます。

おカネや財産はどうでしょうか。

高齢になればもはや守るだけです。そのことに執着すればやりたいことも欲しいものも我慢するだけになります。それで満足してしまえば、もっと楽しく生きたいとか、幸せになりたいという欲望もなくなります。挙げ句に財産を残して死んでしまったら子どもたちや親族が醜い遺産争いを繰り広げるだけになります。

「おじいちゃんは何も残さなかったけど、最後まで楽しそうでいい人生だったな」

そう思い出してもらったほうが、はるかに幸せなような気がします。

読書は習慣。50代で読書習慣を取り戻す

いまの50代は団塊ジュニアといわれるように人口が多い世代ですから、受験勉強でもそれなりの苦労をしています。子どものころから机に向かう時間、いわゆる学習習慣をつけさせられた世代でもあります。もちろん、読書好きの親世代の影響もあって本には親しんでいます。

中学高校時代はもちろん、大学生のころもパソコンはごく一部の人が使っているだけでした。インターネットともSNSとも無縁に学生時代を過ごしていますから、本や雑誌にはごく自然に親しんできました。いまの時代よりはるかに読書量が多かったのは間違いありません。

本書を読むようなあなたも、子どものころから本には親しんできたはずです。

岩波少年文庫のような幅広いジャンルの名作を集めた本、学校の図書室や公共図書館で借りた本、友人同士で交換して読み合った本、自分が好きになった小説家の本も

次々に読み続けていた時期がきっとあったと思います。

社会人になって、慣れない生活に馴染むのが精一杯の時期があります。好きな本を読む時間はなかなか取れませんでした。先ほど挙げたデータでも年代別に見ると20代30代の読書量はいちばん少なくなっていますが、スマホやSNSのせいだけでなくこの年代は本を読む時間がいちばん取れなくなる年代なのでしょう。

50代になってもまだ現役でいる限り、一日の大半は仕事に拘束されますから本を読む時間がありそうでないのです。でも子どものころや学生時代、あるいは受験生のころでも、一日はたちまち過ぎてしまうくらい忙しかったはず。

そういう中で、少しの時間、通学の電車の中とか寝る前のベッドの中とか、とにかく読みたい本を開いてきました。読み始めれば夢中になります。「ああ、もっと本を読む時間が欲しいな」と思ってきたはずです。

それに比べれば、50代はまだ余裕があるはずです。受験生のような差し迫ったゴールはありません。20～30代の頃に比べれば、仕事のスケジュールもある程度、自分の裁量で決めることができます。一日1時間程度の本を読む時間なら、きっと捻出できるはずです。それを習慣づけることができれば、定年後の暮らしにも本を読む楽しみが定着します。

読書はいくつになってもできるし、知識が広がったり深まったりするたびに新しい興味がどんどん湧いてきます。少しぐらい身体が不自由になっても、好奇心だけは絶やすことなく好きな世界に没頭することができるのですからこんな幸せな生き方はないはずです。

自分が好きな分野を掘り下げておく

博物学という分野があります。植物や動物、鉱物など自然界に存在するあらゆるものの種類や性質を整理して記録する学問とされていますが、要するに博物館をイメージしていただければわかると思います。

現代の科学は自然界に存在するもののほとんどを分子レベルで解析したり、遺伝子レベルで研究してその性質や系統、進化の過程を解明することができますから、博物学というのは過去の学問という見方をする人もいます。

ところがアマチュアにとっては非常に魅力的な学問分野で、たとえば昆虫好きの少年が新種の昆虫を発見したり、鉱物好きの大人が思いがけない場所で貴重な鉱石を発見したりします。恐竜の化石もしばしばアマチュアの化石好きが掘り当てたりします。朝ドラで人気になった牧野富太郎も少年時代から植物採集に熱中して数多くの新種を発見していることは皆さんもご存じだと思います。

つまり彼らは彼らで、自分なりに勉強して興味ある分野の知識を深め、分類や整理を繰り返すことで観察力を深め、それが新種の発見や思いがけない出会いを生み出すことに繋がっています。これは分子レベルの解析に熱中する研究者（全体を見ずに、最初から狭い専門領域だけを学ぼうとする人）にはできないことです。

読書の楽しさも同じではないでしょうか。

自分が好きな分野や興味のある分野を入門書レベルから読み始めても、その中でとくに興味が湧いたり、疑問がつぎつぎに生まれてくるような分野にぶつかれば、さらに掘り下げて教えてくれる本を探すようになります。すると、どんどん専門的な本や知識を持っている人から学ぶようになります。

何でもそうだと思いますが、習慣づけるためには興味を持つこと、好きになることが欠かせません。活字が苦手になった、目が疲れるというのでしたら、漫画やビジュアル中心の雑誌でも一向にかまわないと思います。とにかくワクワクした気持ちで入り口に立つことさえできれば、あとは自分の興味に従うだけでいいのです。

50代から読書に慣れていくためにも、まずは自分が好きな分野、興味のある分野に気づくことがスタートになります。仕事中にふと興味が湧いたことや、いままでの人生、子ども時代や学生時代を通して熱中したことのある分野を一つずつ思い出してください。

「本を探す」ことが楽しくなると、視野が広がる

書店や図書館に出かけるときは、たいてい目当ての本や作家があります。

「話題になっている本だから読んでおくか」「この作家の本が好きだったけど、最近

はどんな作品が出ているんだろう」「定年後の副業とか資格とか、何かいいガイドブックはないかな」といった気持ちです。「久し振りのゴルフに誘われたけどちょっとレッスン本読んでおこう」といった理由もあります。

つまりある程度、目当ての本を絞り込んでいます。

すると書店に入っても山積みにされた新刊本やベストセラーのコーナーとか、作家名で区分された日本文学のコーナーとか、あるいは実用書やビジネス書のコーナーだけを眺めて本を探し、1冊選んでおしまいです。

でも特定の分野に興味を持ち、それをどんどん掘り下げていくようになると、書店や図書館に出かけてもさまざまなコーナーを巡り歩くようになります。ちょっと考えると掘り下げようとすればますます狭い分野に入りそうですが違うのです。

たとえば、「蕎麦」に興味を持ったとします。掘り下げる気持ちがなければ老舗や有名店のガイドを読んでおしまいですから訪ねるコーナーも限られてしまいます。グルメガイドや解説本を読んでおしまいです。

もちろんそれが入門書と考えればそれでもいいのですが、読み込んでいけば小さなコラムに穀物としての蕎麦の性質や産地、あるいはいわゆる手打ち蕎麦以外のさまざまな蕎麦の食べ方や作り方、日本で栽培されるようになった歴史、産地ごとの特徴や郷土食、さらには蕎麦つゆの味や作り方、器としての蕎麦猪口《ちょこ》の形や色や紋様などが紹介されていたりします。

すると、「もっと詳しく知りたい」という気持ちが生まれます。いろいろな分野に調べたいことが広がっていきます。小説やエッセイに取り上げられた蕎麦の話とか、著名人が愛した蕎麦の名店とか、それこそ際限がなくなってきます。

こうなってくると書店でも図書館でも、さまざまなコーナーを巡り歩かなければいけません。思いがけないコーナーで、思いがけない蕎麦の知識が詰まった本に出合うかもしれません。「こんな本があったのか」とか「まさかこのコーナーで見つかるなんて」と、自分が何を探していたのか忘れてしまうくらい本棚の中を歩き回ることになります。

それによってさらに新しい分野に興味や関心が生まれてくるかもしれません。つまり好きな分野をどんどん掘り下げていくだけで、本を探す楽しさにも気がつくことができるのです。

「言葉」を知ることで、アウトプットの能力がついてくる

大手企業で人事担当の役員まで務めて退職した70代の男性からこんな話を聞いたことがあります。

「ときどき『有望な社員です』という触れ込みで若い社員を紹介されることがあるけど、会って話してみるといつも『この程度なら昔はいくらでもいたな』と失望します。たしかに若手にしては話し方もしっかりして論理的だけど、昔ならごくふつうのレベルでしかないからです」

あらゆる世代で本を読む人が減ってきた結果、いまの日本人は文章を書くことや自分の意見や考えを話すことが苦手になったような気がします。メールやSNSは短い文章、ときには単語を並べておしまいです。若い人はとくにボキャブラリーの不足が深刻です。

比較的本を読んでいるはずの高校生でも大学生でも、小論文のような課題を苦手にする人が多いし、社会人になっても企画書や提案書のようなある程度の文章力を必要とする仕事は一部の人間に集中してしまいます。

本を読むというのは言葉と向き合う作業です。言葉を通してさまざまな世界を知ることになりますから、ボキャブラリーはもちろん、必然的に論理力とか表現力が備わってきますし、そこから文章力も育ってきます。

定年後の20年で何を勉強するにせよ、興味の対象が絞られてきて、同じ分野を勉強する仲間やグループができてくると、発表の場も自然に生まれてきます。コツコツと自分一人で勉強を続けていても、やはりそのテーマで学んだことをブログやｎｏｔｅのようなＷＥＢページで公開したくなります。インプットがある程度深められると今度はアウトプットしたくなってくるのは自然な流れです。

そこで必要になるのが文章力ですが、本を読む習慣が身についている人にはこの文章力も自然に備わってきますから、積極的に発表することができます。アウトプット作業こそ脳、とりわけ前頭葉を鍛えてくれますからいつまでも若々しい脳を保つことができるのです。

あるいは友人や仲間が集まったときでも、自分が勉強して知り得た世界を話すこともできます。その場合でも、みんなが面白がって聞いてくれれば次第にしゃべることにも慣れてきます。どういうストーリーに仕立ててどんなエピソードを入れれば面白い話になるのかといったことも、だんだんわかってきます。これだって気持ちのいいことです。ますます知識を深めたいという気持ちが膨らんでくるはずです。

面白い話ができる人に、人は集まる

ただし注意したいことがあります。

ここまでに書いてきたことだけなら、つまり本を読んで好きな世界を掘り下げ、それをいろいろ話せるようになるというだけなら、ただの物知りで終わってしまいます。時代小説に詳しい人が著名な作家や作品の解説をしても、興味のない人には退屈なだけでしょう。

ところがここで、時代小説の背景、たとえば江戸時代の料理や食べ物、菓子や調味料の話を織り込むと聞いている人にも身近な話題になります。質問もしやすいし、みんなが話題に加わりやすいし、あちこち話が広がっていきます。盛り上がるのです。

しかし、そのためには本の知識だけではなく、自分で動き回っていろいろな体験をしておく必要があります。いわゆる生きた知識です。老舗の料理や菓子を食べてみたり、地方に出かけたときに昔から伝わる郷土料理を食べてみるようなことです。それがあれば話も具体的になってくるし、聞いている人も自分の体験を話したり、想像を交えて自分の考えを口にできます。

つまりほんとうに面白い話ができる人は行動的な人でもあるのです。ふと興味を持ったことに吸い寄せられて本や資料を集めたり、詳しい人に会って話を聞こうとするようなことでも行動的でないとできませんが、本に書かれてあることを確かめたり、自分で体験してみようとするにはますます行動力が必要になります。

あるいは行動的な人でなければ、興味の湧いてくることや確かめたくなるようなことにも出会えないというのもあるでしょう。そもそも、家の中に閉じこもっている限り新しい読書体験もできないのですから、読書力はつねに行動力とセットになっていると考えることもできます。

出かけてみて、初めて学べることがたくさんある

わたしはそれほど運動好きではありません。ウォーキングを一日一万歩とか決めてノルマを課すようなことには興味もありません。

でも歩くことは嫌いではありません。たとえば大好きなラーメンの、新しい店が開店したという情報が入るとワクワクして出かけます。歩いたその先に楽しいことが待っていると思えば、毎日でも歩けるのです。

最近はとくに目的がなくても、「ちょっと出かけてみるかな」と家を出ることも増えてきました。地方に出張に行ったときでも、時間があれば「ちょっとブラブラしてこよう」とホテルの部屋を出ます。すると思いがけない場所で、思いがけずも美味しいラーメン店を見つけたりします。すごく得した気分になります。

自宅近くでも同じで、夜は妖しげなバーやスナックの看板しか並ばないような道でも、昼に歩けば小さな花屋さんやケーキ屋さんがあったりして意外に健康的なんだなと落差に楽しくなったりします。

そういう経験を何度か繰り返しているうちに、日本の有名な観光地や温泉地などへ講演などで行くときも、「ちょうどいい機会だから、散策してこよう」と考えるようになりました。以前は、「どうせつまらないだろう」と考えてしまい、用件が済めばすぐに帰ってくるスケジュールしか組まなかったのですが、最近は時間が許す限りゆっくり過ごすようにしています。

そしてのんびり歩き回ってみると、やはりいろいろな発見があるのです。どんなに有名な観光地だとしても、自分で歩いてみれば意外な発見があったり観光案内には載っていないお気に入りの場所が見つかったりします。

最近の経験では和歌山県の有田市があります。ミカンの産地というのは有名でもそれ以上の知識はなく、何となくミカンの実る丘が広がってのどかな場所なんだろうなと思っていました。ところが実際に訪ねてみてまず知ったのは、有田は「ありた」でなく「ありだ」ということでした。しかも海が間近に広がっていて、丘の上のレストランから夕日に照らされた海を見ているとウットリしてしまいます。もちろん魚も美味しいし、地元の自慢です。しかも全国でトップレベルのラーメン店もあるらしく、次回はぜひ訪ねてみたいと思いました。

つまり自分が動いてその場所に行ってみると、思いがけない発見がいくつも出てくるということです。それによって薄っぺらな知識だけじゃなく、相手が喜んだり興味を持つような話ができるようになります。読書力はたしかに興味や関心のきっかけは作ってくれますが、それを広げたり掘り下げたりするためには行動力も必要になってくるのです。

「ちょっと出てみよう」からすべてが始まる

面白い話ができる人には行動力も備わっています。

歴史好きなら実際に舞台となった町や古跡を訪ねてみる。さまざまな資料が展示してある博物館や美術館を巡ってみるといった程度のことはやってみたくなるはずです。

そもそも、本を探すだけでも書店や図書館、あるいは古本屋街を歩き回るのですから行動力がなければできません。

自分なりのテーマを決めて勉強しようと思えば、その分野に詳しい人を探して会ってみたり、あるいは料理なら自分でも作ってみる、動植物や鉱物の世界に興味を持ったらそれこそフィールドに出て歩き回ることになります。

そういった体験もなくただの知識を蓄えただけなら、他人に話や説明はできてもさまざまなエピソードや相手が引き込まれるような面白い話をすることはできません。

それに何といっても行動力を支えるのは好奇心です。

「ほんとうはどうなっているんだろう」

「本には説明してあるけど見てみないとわからないぞ」

そういう自分の目で確かめる気持ちも好奇心から生まれてきます。前頭葉の活性化に欠かせないのも好奇心でした。その好奇心を支えるのが行動力だとすれば、定年を控えた50代こそ行動力を失うわけにはいきません。そこで失ってしまったら、定年後の人生が無気力で無感動な毎日になってしまいます。

ではどうすれば行動力を維持できるのでしょうか。とても簡単なことで、筋力や体力の問題ではないとわたしは考えています。動き出す習慣を失わなければいいのです。「うーん」と腕組みして「どうするかな」「いまでなくてもいいかな」と座り込むのでなく、「ちょっと出てみるかな」「とにかく出かけよう」と軽い気持ちでドアを開けて外に出ることです。出て何をするか、とりあえずどこに行くかは外に出れば浮かんできます。

「まずは大きな書店だな」「帰りに図書館に寄ってもいいか」と気がつけば、ほぼ一日の行動が決まります。腕組みして考え込んでいる限り、せいぜいカレンダーに書き込まれた予定を眺めるだけで終わってしまいます。

実際、いつまでも若々しい高齢者は「ちょっと出てくる」とひと言だけ残して家を出ていきます。

夫がそれをやれば妻は「どこ行くの」と尋ねますが、「そのへん」としか返事はありません。しばらくして戻ってくると「△△さんに会ったよ」とか「面白い本を見つけた」「この帽子、いいだろ」と上機嫌です。予定もなく家を出ても、何かに出会って気分が良くなるというのは実際によくあることです。気楽に一歩踏み出すだけで、いいことに出会える可能性があるのです。

あれこれ手を出すのは恥ずかしいことではない

人生も後半戦になってくると「あれこれ手を出すのは止めよう」という気持ちが生まれます。

「いまからあれこれ手を出しても振り回されるだけだ。ほんとうにやりたいことが見つかったらそれ一つに絞らないと中途半端になってしまう」

分野を広げてしまうと本を読むだけでも忙しくなります。習い事や勉強会のような集まりでもあっちに顔出し、こっちに顔出しでは大変です。しかも若いころに比べると記憶力が衰えたり頭の切り替えができなくなっている自覚がありますから、いくつものことを同時に学んだり習ったりするのはかえって逆効果のような気がします。何か一つに絞り込んでそれに集中するのが上達の近道のように考えてしまいます。

でも、何か一つに絞り込むというのは簡単なことではありません。よほど幸運な出会いでもない限り、いざ勉強し始めると「あまり面白くないな」とか「向いてないかな」と感じるのはよくあることです。

逆に友人から「面白いよ」と声をかけられたり、自分でまったく思いがけない分野に興味が湧いてくることもあります。

そういうときでも「あれこれ手を出すのはダメ」とブレーキをかけてしまうと本を読むのも勉強も苦痛になってきます。そこで我慢しても少しも楽しくありません。挙げ句に放り出してしまえば、もう二度と勉強する気になんかなれないでしょう。

そうなるくらいならむしろ、「面白いよ」と誘われたら乗ってみる、偶然興味が湧いてきた分野があったらそっちに手を出してみる、それくらいの「軽薄さ」があったほうが読書も勉強も長続きするはずです。

前頭葉はもともと変化に対応するものでした。同じことの繰り返しで安心してしまうのは機能が衰えてきたサインだったということを思い出してください。
だから浮気性は少しも恥じることではなく、むしろ脳が若々しい証拠なんだと開き直っていいのです。それにあれこれ手を出せば、交友関係もどんどん広がっていきます。それだけ行動力も鍛えられるはずです。

まして50代を定年後の助走期間と考えれば、慌てて趣味や習い事を決めてしまう必要はありません。あっちに手を出しこっちに手を出しでいいはずです。それによってますます、定年後の好スタートが切れることになります。

「ものは試し」から行動半径が広がっていく

50代にはまださまざまなネットワークがあります。職場の中だけでなく学生時代の友人や仕事を通じての人脈です。その人脈を通じて「一緒にやってみないか」「面白いぞ」と声がかかることもあります。

そういうとき、ついためらってしまう人がいます。

「うーん、人間関係面倒くさそうだな」「わたしはまったくの初心者だし……」など、いまさら余計な神経を遣ったり恥をかくのは厭だなという気持ちが邪魔します。

もちろん、厭なことややりたくないことは断っていいのですが、もし少しでも心が動いたら「ものは試し」という軽い気持ちで動いてみていいはずです。

なぜならほとんどの新しい世界との出会いは、偶然に生まれることが多いからです。自分で本を読んで「この分野」と気がつくことより、何気なくやってみたらとか、ふと興味が湧いたのでといった偶然の出会いのほうが多いような気がします。

「気が進まなかったけど仲のいい友人の誘いだったので」ということだってあります。「ものは試し」というのは、少しでも心が動いたことを実行するときにすべての場面に必要な考え方です。「やってみなくちゃわからない」「失敗したらそのときのこと」と割り切ることで、どんどん行動力がついてくるからです。むしろ行動力を鍛えるための考え方ということもできます。

定年を迎えていろいろなネットワークや人間関係が切れてくると、「一緒にどうだ」とか「やってみないか」と声がかかる機会も減ってきます。そうなれば自分から動くしかなくなります。

その場合でも、「この勉強会は面白そうだな」とか「初心者コースから習ってみるかな」と思いたくなる集まりやサークルを見つけたら、自分から申し込むしかありません。こっちのほうが友人や知人に誘われるのに比べてハードルは高いです。初めて会う人ばかりだったり、レベルもさまざまですからどうしても気後れしてしまいます。

そこでいちばん必要になってくるのも行動力でしょう。

「よし」と一歩踏み出す力です。「恥ぐらいかいたっていいや」と出かける身軽さです。

それを引き出してくれるのが「ものは試し」だと思ってください。

第5章

50代はメンタルの危機に要注意！

健診と聞いただけで憂鬱になる50代

この章では〝健康〟について考えてみます。

50代の方なら覚えがあると思いますが、「このごろ疲れやすくなった」「熟睡できない」「根気が続かない」「どうもやる気が出ない」といったさまざまな身体や心の不調、これといった病気もなく、体力だってまだまだ十分なのに、ちょっとしたことで「老い」を自覚することが多くなります。

といっても50代の老いの自覚は曖昧なものです。

以前の自分(20代や30代の自分)と比べてみたり、同世代の友人や仲間の中でも若々しくて元気な人間と比べてみたりして、「やはり齢のせいかな」と思い込もうとします。齢のせいにすれば「仕方ない」とか「まあぼちぼちやっていこう」と自分を落ち着かせることができます。「何かの病気が隠れているんじゃないか」と思うより安心できるからです。

逆に言えば、「まさかと思うけど、やっかいな病気にはなりたくない」という気持ちがつねにあります。あとわずかですから、定年までは何とか勤め上げたいと思うからです。ここで重い病気にでもなったら、人生設計を大きく狂わせてしまいます。

そこでつい気にしてしまうのが健診の数値です。

主に血圧、血糖値、コレステロール値などですが、50代というのはいろいろな数値に異常が出始める年齢ですから、健診が近づくとお酒を減らしたり甘いものや脂っこいものを控えたりする人が結構います。もちろん気休めですが、それくらい数値を気にするのです。なぜなら一般的な健診で数値の異常が出ると、要精密検査となります。混雑している大きな病院まで出かけて検査を受けなければいけません。これだけでも憂鬱になります。

そしてたいていの場合は、検査データをもとに医者の診断があり、ほぼ間違いなく薬を処方されます。血圧や血糖値やコレステロール値を下げる薬です。

「あーあ、とうとうわたしも薬を飲む身体になってしまったなあ」とガッカリします。しかもさまざまな注意や指導を医者から受けます。

「塩分は控えなさい」「脂っこいものはダメ」「甘いものもダメ」「お酒はほどほどに」「運動を心がけましょう」……並べて言われるとだんだん気持ちが沈んできます。お酒が好きで肉料理も好き、飲んだ後のラーメンが楽しみという人にとっては、これでは張り合いのない毎日になってしまいます。

そして医者はとどめのひと言を告げます。

「一か月後にまた検査しましょう。正常値に戻っているといいですね」

おまけに血圧手帳を渡されますから、これからの一か月間、血圧計をにらみながら好きな食べ物を我慢することになります。健診と聞いただけで憂鬱になるのも無理はありません。

なぜ、健診の数値は気にしなくていいのか

わたしは高齢者向けの本を何冊か書いてきましたが、そのすべてに「健診の数値は気にしなくていい」と書いてきました。ほんとうは「受けなくていい」と断言したい

のですが、職場の健診というのはそうもいきません。50代には言いにくいのです。

でもここはあえて言っておきましょう。

たとえ健診を受けて数値の異常があれこれ見つかっても、気にしないことです。実際に体調の悪さやいつもと違う異常を感じているというのでしたら別ですが、気分もいいし食欲もやる気も十分というのでしたら、いまがベストなのですから何も気にすることはありません。

その理由を簡単に説明してみます。

血圧と並んで健診の数値で気になる（引っ掛かりやすい）のが血糖値です。例のヘモグロビンA1c《エーワンシー》で示される数値が6・0を超えると糖尿病の予備軍となります。この時点でウンザリするほどの食事制限を受けるのは言うまでもありません。

つまり一度でも健診の数値が引っ掛かってしまうと、長い期間、食事内容を制限され、薬を飲まされ、定期的に検査を受け続けることになります。数値が異常というだけでいきなり病気が見つかったり入院治療ということはありませんが、ふだんの生活が健診の数値でものすごく不自由になってくるのです。

では何のために医学は数値の異常に介入してくるのでしょうか。言うまでもなく、数値を正常に戻すためです。正常に戻せば、病気のリスクが減ると信じられているからです。

ところが、それを真っ向から否定するデータがあります。

アメリカの国立衛生研究所の下部組織がこんな研究を行っています。糖尿病患者1万人を2つのグループに分けて1つは標準療法、もう1つのグループには強化療法を試みます。「強化療法群」はヘモグロビンA1cを正常値の6・0％未満に抑え、「標準療法群」は7％～7・9％に抑える緩めの療法です。

いまの日本の医学常識を当てはめれば、結果は明白です。「強化療法群」のほうが健康を維持できるはずです。ところが3年半後の死亡率は「強化療法群」のほうが「標準療法群」より高かったのです。

同じようなデータはほかにもありますが、今度はコレステロール値についてのデータを紹介してみます。

医学常識はいまも変わり続けている

フィンランド保健局が1974年から80年にかけて40～45歳の男性管理職1222人を対象に調査したデータです。4か月ごとの健康診断に基づいて数値が高い人には薬を処方し、個人の健康管理などを行う「介入群」612人と、健康管理に介入しない「放置群」610人に分けて追跡調査をしたところ、がんによる死亡率、心血管系の病気の罹患率や死亡率、挙げ句は自殺者数に至るまですべて「介入群」のほうが「放置群」より高かったのです。

ここでちょっと補足しておきますが、コレステロールは細胞膜の主原料で人間が生きていくためには欠かせないものです。よく「悪玉」「善玉」と呼んで区分することがありますが、どちらも人間にとって重要な働きをしていることに変わりはありません。

けれども循環器の医者から見ればLDLコレステロール、つまり「悪玉」が増えすぎると血管壁に入り込んで動脈硬化の原因になるとされます。ところが免疫学者に言わせればコレステロールは免疫細胞の材料になるからコレステロール値が高い人のほうが免疫力が高いとなります。あるいはコレステロールは脳にセロトニンを運ぶ働きもあるとされますから、数値が高い人ほどうつになりにくいという報告もあります。

さらには老年医学の立場から見れば、コレステロール値の高い人のほうが男性ホルモンが多いため、齢を取っても活性が高いといった研究もあります。「コレステロール値が多少高いほうが病気も少なく、長生きできる」と主張する医者だっているのです。つまり「こっちにとっては悪くても、あっちにとってはいいこと」というのはしばしば起こり得るのです。

しかしいくらこういうデータを並べても、循環器の医者が自分の狭い立場にこだわる限り、「そっちには良くてもこっちには悪いこと」となります。健診で数値に異常が見つかればそれを正常に戻すことだけ考えますから、相変わらず薬と食事制限を申し渡すでしょう。

ちなみに2015年には、コレステロールを「悪玉」視していた厚生労働省も摂取制限を撤廃しました。卵や肉などいくら食べても大丈夫ということになりました。10年もたてば医学常識が変わることなど、いくらでもあるのです。

「元気ならそれでいい」と開き直る

ではどうすればいいのでしょうか。とても簡単なことで、少しぐらい数値が高めでも、いまが元気ならそれでいいというのがわたしの考えです。

体の不調や異常を感じるならともかく、自分が元気で快活だと思えるなら、わざわざ薬を飲んで数値を下げたり、食べたいものを我慢して不満やストレスを感じるよりはるかに健康的に生きていくことができます。

実際、肉好きの人が大好きな焼肉を食べて満腹し、「やっぱり美味いな」と思えば自分が元気なことを確認できます。「今日も元気だ、肉が美味い！」という気分になります。幸福感さえ生まれてきます。食欲があって食べ物が美味しい、自分が元気なことを実感できて幸せな気分になる。これで何か問題があるでしょうか。

反対にいろいろな数値を気にして「食べると身体に悪いんだろうな」「また数値が上がるな」と心配しながら食べても少しも美味しくないし、幸福感も生まれてきません。どちらが身体にいいのかということですが、もっと大事なのはどちらが心にいいのかということです。

50代に限らず、毎日の暮らしに幸福感も張り合いもなく、ただ用心しながら生きているだけなら、行動力もどんどん弱まっていくでしょう。もちろん理想は数値も正常で食べたいものを思う存分食べ、行動力も失わずに生きていくことですが、数値が少しぐらい高くても心の元気さえ失わなければアクティブに生きていけますから身体の元気も保つことができます。

たとえば、好きなものを食べるというのは店に行く場合でも自分で料理する場合でも動かなければいけません。「あれもダメ、これもダメ」と考えてしまうと、出歩いてお気に入りの店を目指す気力もなくなりますから、自宅のあり合わせのもので済ませてしまいます。

あるいは対人関係です。

「仲間と会えば焼き鳥や唐揚げでビールになる。脂っこいものは医者に禁じられているから、やっぱり出かけるのは止めておこう」

そう考えてブレーキをかけてしまうのはよくあることで、それによって友人たちや仲間とも疎遠になっていきます。つまり、交友関係も寂しくなってしまうのです。これでは孤独感さえ生まれてきますから、心はますます元気を失っていくでしょう。

先ほどもいくつかのデータを挙げましたが、専門領域の数値だけを重視する健診に振り回されて、ささやかな幸福感すら失ってしまったら好きなこともできなくなるし自由だって束縛されてしまうというのがわたしの考えです。

50代が迎えるメンタルの危機とは？

WHO（世界保健機関）の「健康」の定義はこうなります。

「健康とは、病気ではないとか、弱っていないということではなく、肉体的にも精神的にも、そして社会的にも、すべてが満たされた状態であることをいいます」（公益

社団法人日本WHO協会・訳）

わたしもこの定義には同感します。検査の結果が正常というのはただ単にフィジカルが満たされたというだけで、それによってメンタルとソーシャルが満たされなくなったら健康とは言えないからです。

ここまでに説明してきましたように、そもそも肉体的な健康にしてもたった一つの臓器だけでなくさまざまな角度から見なければいけないのでした。「こっちには良くてもあっちには悪い」ということがしばしば起こります。フィジカル、メンタル、ソーシャルの関係も同じです。

まして数値で計れないメンタルやソーシャルは主観的なものです。本人が幸せだとか楽しいと思えばそれでいいことになります。たとえば交友関係にしても、ごく親しい人間とだけつき合って満足している人もいるし、人間関係が狭いことを「友人がいない」とか「人望がない」と気にする人もいます。これもバカバカしい話で、「わたしはいまがいちばん気楽で伸び伸びできる」と満足していればそれでいいはずです。

つまり自分が健康かどうかは主観的であっていいし、自分が決めればいいことなのです。医者や周囲の言説に振り回されて不安になるのがいちばんバカバカしいことになります。逆に言えば、たとえ数値が正常でも、気分の落ち込みが長く続いたり、人と会うのが億劫になって外出の機会がめっきり少なくなっていることに気がついたら、メンタルやソーシャルの健康を疑ってみるべきでしょう。

ましてや50代というのは、男性でも女性でもいわゆる「更年期」を迎える時期になります。簡単に説明すれば、男性は男性ホルモン、女性は女性ホルモンが減ることで中性化し、老年期に入ります。「更年期障害」という言葉は聞いたことがあると思います。ホルモンバランスが変わることでさまざまな障害が出てくる症状のことですが、それ自体は個人差があって誰にでも更年期障害が起こるわけではありませんが、ホルモンバランスの変化、つまり更年期そのものは誰にでも訪れます。

加えてここまでに説明したように前頭葉の老化が始まります。これはすでに40代から始まるのでした。それがもたらすのは意欲の低下や感情コントロールの低下でした。無気力になって、怒りを制御できなくなったり不機嫌を抱え込むようになります。

そしてもうひとつ、「幸せホルモン」とも呼ばれるセロトニンという神経伝達物質が減ってきます。セロトニンは脳内で分泌されることで幸福感や心の安定感を生み出しますから、メンタルの健康にとって重要なホルモンということになります。

つまり更年期というのは、ただ単に男らしさ、女らしさが失われて中性化するだけでなく、メンタルな面での大きな転機、はっきり言って危機を迎える時期でもあるのです。その結果、どうなるでしょうか。

令和３年の年齢階級別自殺者数をみると、もっとも多いのが50代で、わずかの差で40代が続きます。

さらには「うつ病・躁うつ病」の年齢別患者数を見ていくと（こちらは２０２０年10月のデータ）男性はやはり50代がいちばん多く、女性は40代になっています。いずれにして40代50代の男女にうつ病が多いのです。

ただしこのうつ病患者の多さには社会的・環境的要因も含まれているはずです。男性の場合でしたら職場で重い責任を負わされたり人間関係のプレッシャーなどがあり、女性の場合も子どもが自立したことで母親の役割が終わって寂しさが生まれたり親の介護が始まることなども考えられます。働いている女性には当然、男性と同じプレッシャーがかかってきます。

メンタルを改善する直接的な治療法がある

ではどうすればいいのか。ものすごく単純な答えを出せば、ホルモンバランスの変化が、男性は男性ホルモン（テストステロン）の減少、女性は女性ホルモン（エストロゲン）の減少によって起こるならそれを補充すればいいことになります。

男性ホルモンは加齢だけでなくストレスによっても減少することがわかっています。50代の男性が仕事や職場で強いストレスを受けるとそれだけで男性ホルモンは減少し、それによってストレス耐性が弱まればさらに男性ホルモンが減っていくという悪循環を起こします。「何となくやる気が出ない」とか「疲れが取れない」といった自覚を「齢のせいだろう」とごまかし続けてしまうと、ほんとうのうつ病にもなりかねないのです。

ホルモン補充療法は欧米では抵抗なく受け入れられていますが、日本ではまだ、あまり一般的ではありません。これはわたしの感覚ですが、どうも日本人というのは病気でもないのにマイナス面を物理的な方法で補うという処置に抵抗を感じるような気がします。たとえば美容整形とかカツラをつけるといったことでも、そういうのは「反則だ」という意識があるようです。「あるがままを受け入れよう」という発想です。

でも髪の毛の薄いことに悩んでいる人がカツラをつけてしまえば、悩みは消えるはずです。ところが身近な人にはすぐにバレてしまいます。すると恥ずかしいのです。

「そこまでやるのか」「かえって不自然だ」といった陰口が聞こえてくるからです。

でもホルモン補充療法というのは、うつ病のような心の病にも非常に効果的な方法だということがわかっています。実際、一般的なうつ病の治療では効果が見られない人にホルモン補充療法を行うと目に見えて改善する例が多いのです。

現在の日本では、主に泌尿器科や男性更年期外来でこの治療法を受けることができますが、対応できる医療機関はまだ限られていますから下調べが必要です。「いざとなったら」という気持ちで頭に留め置いてください。

日常の中に「快体験」をちりばめる

性ホルモンは従来の理論では精巣（男性ホルモン）や卵巣（女性ホルモン）で作られ、血液によって脳に運ばれると考えられてきました。

ところが最近の研究では、脳の中の海馬と呼ばれる場所でも独自に合成され、しかもその濃度は血液で運ばれてくる性ホルモンより10倍も高濃度ということがわかってきました。

つまり海馬を元気に保ってその分泌を促せば、加齢による性ホルモンの低下を防ぐことができるということになります。

ご存じのように海馬は記憶をつかさどる器官ですが、わりと簡単に活性化することができます。ポイントは「快体験」です。

たとえば百マス計算やパズルのような単純なゲームでも、「できた！」「速くなった！」という快体験を伴うと海馬は活性化されます。じつは感情とホルモンは強く結びついていて、快感が得られればエストロゲン（女性ホルモン）が出るし、「さあ、やるぞ！」と意欲が湧いてくるとテストステロン（男性ホルモン）が出ます。さらにいえば満足感はセロトニン、意欲はドーパミンの分泌も促します。

つまり毎日の暮らしの中に楽しいことやドキドキすること、新鮮な感情が沸き起こるような体験をちりばめていくことが、性ホルモンの分泌を促すことに繋がっていくのです。その意味では50代でも60、70代でも恋愛は最高の快体験ということができます。

いくつになっても恋をしている女性や男性が若々しいというのは、決して見た目だけの問題ではありません。性ホルモンの分泌が活発になり、意欲的になり、しかも溌剌とした感情に満たされることで本物の若さを取り戻すことができるからなのです。

もちろん快体験は日常の中にいくらでも生み出すことができます。

美味しいものを食べる。大好きな人や尊敬する人とおしゃべりする。旅行に出る、自分が好きな映画を観たり本を読んだり、芝居を観たりする……要するに日々を楽しむということです。ここでも大切なのは好奇心と行動力ということになります。

50代はソーシャルな自分が失われ始める時期

健康に欠かせない3つの要素の一つがソーシャル面を満たされることでした。簡単に言えば人間関係のことですが、社会との関わり合いや身近な人間との関わり合いです。このソーシャルも50代のころから少しずつ変わってきます。

まず職場の人間関係です。長く同じ会社、同じ部署にいればつき合う同僚、つき合わない同僚が固定化されてしまいます。上司に対しても同じですし、部下がいれば部下に対しても同じです。どうしても同じ人間とのやり取りが中心になってきます。つまり飽きてくるのです。

これはソーシャル面での刺激が薄れてくるということです。すでに触れましたが「いつもの相手」と「いつものやり取り」になってしまいます。

身近な人間関係も同じで、家庭では夫婦の会話も減ってきます。子どもが家を出れば余計にそうで、「今日はこんなことがあった」とか「週末はどこかに出かけよう」

といった話題がなくなります。

つまりソーシャルな自分はまだ保たれていても、そこに笑ったり喜び合ったり、ワクワクするような新鮮な感情が薄れてくるのです。会社でも同じで、周囲にはいつも同僚や部下や後輩がいるのに、むっつり押し黙っているだけの人間になれば他人との接触はあっても感情の盛り上がりはないままになってしまいます。

精神医学の世界ではしばしば自己愛の大切さが言われます。べつに難しいことではなく、人間には誰でも、相手や周囲から認められたいとか愛されたいという気持ちがあって、それが満たされたときに自己愛も満たされるのです。

自己愛が満たされれば、感情的にも朗らかになって自信も生まれます。行動も積極的になりますし、相手や周囲に対しても朗らかに向き合うことができますからお互いに好意的な人間関係を作ることができます。こう説明してみれば当たり前のことばかりで「だからどうした」と思う人がいるかもしれません。

自己愛が満たされるためにはソーシャル、つまり開かれた人間関係が欠かせません。自分で自分をどんなに褒めても認めても十分には満たされないのです。

その人間関係が味気なくて寂しいものになってしまうと、この大切な自己愛が満たされることもなくなります。自己愛は根源的な欲求の一つですから、精神的に不安定になったり、イライラするようにもなります。つまりメンタルも傷ついてくるのです。

そして50代というのは、まさにこの自己愛が満たされるための環境、ソーシャルが錆《さ》びついてくる時期ということもできるのです。

威張っても「自己愛」は満たされない

でもどうでしょうか。職場での50代は難しい立場にいます。ここまでにも説明してきましたが、自分自身の定年後の人生に不安が消えません。かといって社内ではもう、大きな成功も昇進も望めません。仕事のモチベーションはかつてに比べれば下がっているはずです。

そしてほとんどの50代が感じていることですが、自分より下の世代はもう、会社や仕事に対する考え方がまるっきり違っています。バブルなんてまったく知らない世代ですから、給料が上がらないのも昇進できないのも「そういうもの」として受け入れています。だから会社には何の帰属意識もないし貢献しようという気持ちもありません。いまの生活が守れればいいし、私生活で自分たちの楽しいことや好きなことさえやれればいいと考えています。これはこれで、若い世代が納得している人生観ですから、認めるしかありません。

50代がそこに歯痒《はがゆ》さを感じてしまい、下の世代に苛立《いらだ》ちをぶつけることはないでしょうか。「仕事はそんなに甘くない」とか「なぜ上に立とうとしないんだ」といった苛立ちです。するとどうしても見下した接し方になります。上司あるいはリーダーとしての顔になってしまいます。

べつに個人的なコミュニケーションを深めようとは言いません。彼らや彼女たちは仕事以外のつき合いを嫌いますし、プライベートな時間を大切にします。だからふだんから穏やかに、朗らかに接するだけでいいのです。決して威張ってはいけないということです。

どんなにキャリアや実績があっても、それを後ろ盾に威張ってしまうと、若い世代から慕われることはまずなくなります。彼らや彼女たちはそういうものに価値を認めていませんから威張っても反発されるだけです。価値観や人生観がまったく違うとみなされれば、悩みや相談を持ちかけられることもなければ、個人的な嬉しいニュースを報告されることもないでしょう。

けれどもふだんから威張ったりせず、朗らかに穏やかに接してくれる上司やリーダーに対しては、頼ったり慕う気持ちが生まれます。たとえば30代の男性社員から笑顔で「結婚することになりました、しばらく内密にお願いします」と真っ先に報告されたらすごく嬉しいはずです。

自己愛はそういうときに満たされます。

過去のキャリアや実績をひけらかして部下に威張ったところで、相手が下を向いて目を合わせようとしない限り、自己愛はまったく満たされないのです。

会社以外のコミュニティを確保する

50代が自己愛を満たすチャンスが減ってくるいちばんの原因は、人間関係が限定され、かつ固定化してしまうからです。

でもまだ現役ですから職場の人間関係は残っています。たとえば、仲のいい同僚と「あんたはエラい!」と肩を叩き合うだけでもある程度の自己愛は満たされます。

定年を迎えるとこれも消えてしまいます。自己愛どころか他人と接する機会が大きく失われてしまうのです。

そこで心していただきたいのは、ここまでにも触れてきましたがいまのうちから職場以外の場所に新しい人間関係を拓いていこうということです。

たとえば、趣味や遊びの仲間です。馴染みの店の常連が集まってゴルフや釣り、一泊の温泉旅行に行ったりします。

あるいは町内会や自治会、都会でしたらマンションの住民理事会のようなコミュニティです。メンバーはほとんどが女性や定年退職者ですから、50代の現役が入ればたちまちいろいろな役を押しつけられたりしますが、逆に「仕事がありますから」といって気の進まない役割は断ることができます。現役世代は「見習い感覚」で参加していいはずです。

あるいは60歳の還暦が近づけば、そろそろ小中学校や高校の同窓会案内が届いたり、幹事や発起人の誘いが来たりします。大学のゼミの教授の退任祝いだとかゼミ仲間の集まりも声がかかるかもしれません。

50代で人間関係が希薄になり始めるのは誰でも同じですから、案外、学生時代の友人たちも人恋しくなる時期なのです。

さらには何かの勉強を始めたり習い事を始めるようなことでも、同じメンバーが入門講座を受けたりサークルを作ったりします。

つまりその気にさえなれば、身の周りに新しいコミュニティはいくらでもありますし、新しい人間関係や途切れていた人間関係も広がってきます。そういう機会は「ちょっと出てみるか」と軽い気持ちでどんどん活かしてみましょう。そこで自己愛が満たされるかどうか、これはわかりません。

でもいくつものグループに関わって、それぞれの中で何かしらの役割（連絡係でも二次会の幹事でも名簿作りでも）を受け持っていけば、自分が必要とされる人間だということはわかります。勉強している講座やサークルで発表の機会が訪れるかもしれません。

ただ参加しているだけでも名前を憶《おぼ》えて貰ったり、いまの仕事の様子を訊かれたりすることがあります。たったそれだけのことでも、いままで何のつき合いもなかった人から認知されるというのは嬉しいものだし、そこで自分が必要とされているとわかるだけで、自己愛は満たされるのです。

50代以降の女性が男性より元気な理由

ところで50代の男性なら覚えがあると思いますが、老いを意識する年代になるとなぜか同世代の女性の元気さに驚かされます。

もちろん同じ更年期ですから元気をなくす女性もいますが、それでも全体として眺めてみると平日は職場に縛られているだけの男性に比べて女性は積極的に外出します。買い物のような家事のためのというのもありますが、グループで集まってお茶を飲んだり友人同士で料理したりランチに出かけたり、あるいはＰＴＡの集まりでも地域の集まりでも女性のほうが積極的です。

定年後となれば、こういう男女の差はますます広がります。夫から見れば「なんでそんなに集まりがあるんだ」と思うくらい趣味のサークルだとかヨガだお茶会だ友人と観劇だと忙しそうに動き回ります。おまけに「来月は旅行に行ってくる」とか「英会話を習うことにしたわ」と新しい計画が次々に動きだします。

つまりどんどん社交的、積極的になっていきます。もちろん行動力も衰えません。

こういった女性の元気さは性ホルモンの変化から説明することができます。

更年期になると男性は男性ホルモン、女性は女性ホルモンの分泌が減ってきますが、じつはこの二つのホルモンは男性にも女性にもあります。ただ比率をいえば男性は男性ホルモンが多く、女性は女性ホルモンが多いというだけで、女性にも男性ホルモンは分泌されています。

かつては女性が更年期で女性ホルモンの分泌が減れば、相対的に男性ホルモンが増えるので活動的になるのはそのせいだと思われてきましたが、更年期以降、じつは女性でも男性ホルモンの分泌が増えることがわかってきました。つまりエストロゲンよりテストステロンの影響が高まってくるのです。アグレッシブになる、リーダーシップを発揮する、負けず嫌い、チャレンジ精神といった男性ホルモンが促す活動が活発になります。

これだけでも女性が元気になる理由として納得できると思いますが、ここまでに説明してきたことを思い出してください。

好奇心や意欲がもたらす行動力はさまざまな快体験を与えてくれます。

多様な人間関係は自己愛を満たしてくれるチャンスを増やします。

そこから生まれる日々の楽しさや幸福感がさらに意欲や行動力を高めます。ものごとがすべていい方向に循環していきます。

男性でもそういった快体験が海馬を刺激して濃度の高い性ホルモンを合成してくれ

るのでした。つまり、ソーシャルが満たされるだけでメンタルもどんどん満たされ、それが結局フィジカルにもいい影響を与えます。幸せなときには食欲も旺盛でよく眠れるし、行動的になれば筋力も維持されます。

50代からの健康を考えるときに、数値に振り回されるよりソーシャルな自分を保とうとすることはとてもまっとうな生き方だと言えるはずです。

第6章

定年までに、親との関係を見直そう

不安な50代、開き直れる80代

本書の最後に〝親との関係〟についてもお話ししたいと思います。高齢者医療の現場に携わっていると、親との関係で悩まれている50代の方々をたくさんお見かけするからです。

50代の親世代は70代から80代という人が多いでしょう。微妙な年代で、たとえば55歳の親が80歳だとすると、そろそろ介護が必要になってきたり、あるいは現在、すでに介護を受けている年代ということになります。

いまは両親がまだ元気でやっているとしても、定年を迎えるころはどうなっているかわかりません。まして自分が60代後半ともなれば、ほとんどの親は何らかの形で介護を受けている可能性があります。

するとどうしても親の介護を意識します。自分の親、あるいは妻や夫の親、場合によっては両方の親を心配しなければいけません。

「親の介護が始まるかもしれないな」と思えば、定年後の20年も大きく見直すしかありません。

「やりたいことや好きなことだけやって楽しく過ごせるかどうかも、親次第ということなのかな」とつい考えてしまいます。悪い事態を想定してしまえば、定年後の20年もたちまち色褪せてしまうのです。

でも、ここまでわたしが繰り返してきたアドバイスを思い出してください。「こうなるに違いない」という否定的な決めつけのほとんどは最悪の結果だけを信じ込むものでした。いまの高齢者は50代が想像するよりはるかに元気です。個人差はありますが、若々しい70代80代が街を闊歩《かっぽ》しています。

彼らや彼女たちは幸せそうです。少なくとも、「どうなるんだろう」という定年後への不安を抱える50代から見れば、まるで老いを謳歌しているようにさえ見えます。これは老いのさなかに入り込んだ人間の強みです。不安に脅えている50代より、いざその年代になってみて「こんなもんか」「まだまだ大丈夫だ」と開き直って生きている世代のほうがはるかに逞《たくま》しいのです。

ところが不安の最中にいる50代は、「こうなったらどうしよう」とか、「いまのうちに対策を考えておかなくちゃ」と心配してしまいます。たまに親の家に帰ったり、暮らしぶりを見ると「ずいぶん弱ってきたな」とか「認知症も始まっているんじゃないか」と気になります。

でもそうなってくると、今度は定年後の20年に「親の介護」という重い問題を意識するようになってしまいます。せっかくの自由が手に入るというのに、少しも気持ちが弾んできません。50代はまず、この不安を吹き飛ばしておきましょう。

親世代のほうが恵まれた世代？

まず気がついていただきたいのは、50代の親世代というのはまだ恵まれた世代だということです。

退職金の額も多いし、年金だっていわゆる3階建て部分の企業年金を貰っている人も大勢います。景気のいい時代にはどの企業も年金積立分を金利の運用益で膨らますことができましたから、厚生年金より企業年金のほうが多いケースは珍しくありませんでした。現在でも一流メーカーの企業年金は充実しています。

現役時代にはバブルに便乗して財産を殖やした人もいるし、贅沢もさんざん楽しんできました。苦労した時期があったとしてもそのぶん十分に報われた世代なのです。しかも介護保険制度が整ってきましたから資産に応じたさまざまな公的介護サービスを受けることができます。

いまの50代が退職しても十分な企業年金を貰える人はほんの一部に限られています。現役時代、一度もいい思いを味わうこともなく我慢だけを強いられ、それで定年を迎えても何の見返りもないことを考えると、親世代ははるかに恵まれた世代なのです。

そういう親世代をなぜ恵まれない自分たちで介護する必要があるのでしょうか。介護度に応じた公的サービスを受けてもらうことをなぜためらう必要があるのでしょうか。

わたしは大きな流れとして、いまの日本では子どもが親を介護する時代は終わったと思っています。制度を上手に利用すれば（相談窓口ならいくらでもあります）、親も子どもも幸せな老後を送ることは可能ですし、そのほうがお互いに気が楽です。まして親の自宅に泊まり込む遠距離介護だの、子どもの自宅に引き取るような呼び寄せ介護はお互いの負担が増えるだけですし、子どもが犠牲になってしまいます。

我が子に介護してもらう親が幸せかといえば、これもはっきりＮＯと言えます。どうしても「迷惑をかけている」とか「わたしのせいで」といった遠慮や自責の気持ちが強くなって、むしろ辛い感情を抱えてしまいます。

それくらいならむしろ、介護サービスを利用して訪問介護を頼む、施設からの送り迎えでデイサービスを利用する、施設や職員に慣れてきたらショートステイのような宿泊利用もしてみる、そういった介護度に応じたサービスを本人たちの判断に任せて受けてもらえばいいだけの話です。

つまり、50代が自分の定年後を考えるときに、親の介護の問題は頭から抜いていいということです。

もちろん、それが現実となる前にきちんと話し合うことは必要ですが、基本的に親は自分の子どもに介護させることは望んでいません。むしろ子どものほうが「自分の親なんだから面倒みなければ」という古い道徳観に捕まっていることが多いのです。

親と子の想いは違って当然

この問題は「自分だったら」と考えればわりと簡単に答えが出るはずです。

「高齢になって身体が不自由になったら、子どもに介護してもらいたいかどうか」

そう問いかければ、

「いや、動けるうちは頑張って動き続けよう。どうしようもなくなったら施設を利用するのがいちばん気が楽だ」

そう答えが出るはずです。何のためにずっと介護保険料を払い続けてきたのか、制度を利用するのは当然の権利です。まだ現役世代の子どもたちだって自分の人生を楽しむ権利があります。親も元気なうちは残された人生を楽しむ権利があります。

できるだけ長く元気でいるためには、動けるうちはとにかく動き続けることです。

残っている能力を使い続けることです。できなくなることが増えてきたら、その部分だけを他人に頼る、それが介護サービスです。

たぶん70代80代あるいは90歳を超えても親のほとんどはそう割り切っています。

「だからいまは毎日を楽しむこと」

「元気なうちは動き回る、動き回っていれば元気が続く」

「動けなくなって施設に入っても、そこで同世代の仲間と楽しくやっていく」

いたって気楽に考えていることが多いのです。それどころか、「子どもの世話にだけはなりたくない」と考える親が大部分だと思ってください。

なぜ子どもの世話にはなりたくないのか？

これには意外と言えば意外、当然といえば当然の理由が隠されています。

子どもが介護すればどうしても、親を安全な場所や目の届く場所に置こうとするからです。

「外をフラフラ歩かないで」とか「部屋でじっとしていて」と言って外出を制限したり、散歩でもかならず付き添うようになります。これでは監視されているみたいです。

食事も「塩分はダメ」「脂っこいものはダメ」「お酒はもうおしまい」と制限されます。行動も食べ物も自由を制限されますから不満が溜《た》まってきます。

でも自分のために子どもに負担をかけていると思えば文句も言えません。

その点で他人に介護してもらうのは気が楽です。自分がしてほしいことや、してほしくないことをはっきり口にできます。公的サービスの介護でしたら、相手はプロですから割り切って要求できるのです。介護を受ける側からすれば、こちらのほうがはるかに気が楽です。

「子どもの世話になると調子が悪い」とこぼすおばあちゃん

間もなく90歳になる一人暮らしのおばあちゃんがいました。足腰は多少衰えていますが、住み慣れた田舎の自宅でいたって元気に暮らしています。

ところが町暮らしの長男が「病院も遠い田舎だと何かあったら心配だ。寒くなると火の心配もあるから冬はこっちで暮らせばいい」と自分の家に呼び寄せました。これで長男はひとまず安心です。

でもおばあちゃんは3日もすると元気がなくなります。

「息子夫婦は共働きで家にいないからわたしには外に出るなという。出かけても行くところがないからそれはいいけど、台所も使い慣れないからお湯も沸かせないし好きな番茶も飲めない」

「一人だと夜は好きなテレビを観てけっこう夜更かししていたのに、『年寄りは早寝早起きがいい』と言うからテレビも観れない。早く寝ても昼に動いていないから眠れないし、朝寝もできない。結局、昼はぼおーっとしてテレビの前で居眠りするから余計に夜は眠くならない」

すると動悸《どうき》がしてきて食欲もなくなり、だんだん元気がなくなってきました。

そこでこのおばあちゃんは長男に「かえって調子が悪くなったから家に帰りたい」と申し出ます。長男夫婦はあれこれと紙に注意を書いて実家の壁にベタベタと貼り、渋々おばあちゃんを自宅に戻したそうです。

その結果どうなったか。おばあちゃんはケラケラ笑います。

「ガスの元栓だの戸締まりだの薬だの早寝早起きだのと書かれた紙なんかすぐに破いて捨てたよ。そんなこと紙に書かなくても自分のやり方でやればいいのさ。慣れた家で誰にも気兼ねしないで一人で暮らせるのがいちばん楽だし身体もすぐに元気になったよ」

独居老人は思いのほかタフです。

周囲から見ればどんなに危なっかしく見えても孤独に見えても、本人は気楽に自分のリズムで暮らしています。何もかも自分でやらなければいけないので、一日は退屈するヒマもないし、かといって疲れ果てるわけでもありません。気が乗らないことはやらなくていいし、休みたいときには誰にも気兼ねなく休めるからです。甘いものが好きなら餡子《あんこ》の詰まった饅頭《まんじゅう》を好きなだけ食べても取り上げられないし、しょっぱいものが好きなら漬物を食べながらお茶の時間を楽しめます。自由に生きられるというのは、いくつになっても元気を支えてくれるはずです。

ちなみにわたしがしばしば挙げるデータですが、家族と暮らす老人と独居老人、自殺率が少ないのは独居老人のほうです。さらに挙げれば施設での入所者への虐待がしばしばニュースになりますが、全国に広がる膨大な数の介護施設を考えればほんのわずかな比率でしかありません。それよりむしろ在宅介護が引き起こす虐待や、介護者のうつ病や自殺のほうがはるかに多いのです。

「昔は子どもが親の介護をしていた」というのは大きな誤解

結局、子どもが親の介護をするというのは美談でも何でもなく、ただ子どもの「育ててもらったんだから今度は面倒みなくちゃ」という責任感だけが先走った結果という気がします。地方の場合はそれにプラスして世間体もあります。施設に預けられた親は「可哀そうに、子どもにも見放されて」と同情されたり、逆に自宅で子どもの献身的な介護を受けている親は「△△さんは幸せね」と羨ましがられることは珍しくないからです。

「でも昔はみんな自宅で介護していた」という人もいますが、これにも大きな誤解があります。

たとえば平均寿命を考えてみましょう。1955年（昭和30年）の平均寿命は男性が63歳、女性が67歳です。つまり、およそ60年前は介護が必要になる前に寿命が尽きていたのです。

現代ほど医療の進んでいない時代ですから、寝たきりになってもその期間も短かったはず。さらにはあまり知られていませんが、70年代から90年代にかけては、高齢者を老人病院に入院させることがごく一般的に行われていました。いわゆる「社会的入院」と呼ばれるもので、病気の治療が目的ではなく長期間介護することが目的でした。

この老人病院にはひどいところが多くて、一部屋に大勢の老人を押し込み一日中点滴を打つだけというところも珍しくありませんでした。かなり劣悪な環境が多くて、わたしから見ればまさに「姥捨山《うばすてやま》」でした。

ところが不思議なことに、親を老人ホームに入れるのは世間体が悪いと考えても、老人病院に入れることに対しては、子どもは罪悪感を持たなかったのです。病院と名前がついていれば「医者の世話になっているんだから仕方ない」と周囲も子どもも納得しやすかったのでしょう。

現在では医療費削減の観点から社会的入院のための介護療養病床の廃止（2024年3月末）が決定しています。介護施設も増えていますし、超老人大国となった日本の介護職員は技術も知識も含めて世界でも高いレベルにあります。介護保険が始まって以来それがどんどん向上しています。医療に関しても素早く対応できますから、介護施設のほうがお年寄りの生活の質が上がるという側面もあります。実際に在宅介護の手に負えなくなって施設に預け、それで親が元気に朗らかになったという例は多いのです。久しぶりに会ったら身体だって動けるようになったとか、自宅ではめったに見せなかった笑顔に出会えて驚いたという話はよく聞きます。

いずれにしても「親の介護は子どもがするもの」というのは、現実を無視して世間体だけに囚《とら》われた考え方ということができるはずです。

積極的に、家族以外のサポートを受ける

もうひとつ、わたしが強調したいことがあります。

もし50代の親が、自分の親の介護を自宅で苦労しながら続ければ、その子どもはどう思うでしょうか。辛いのを我慢して「自分の親だから仕方ないんだよ」と言えば、「親の介護は子どもの役割なのか」と思ってしまいます。

親は親で、「こうやって苦労しても、わたしの老後は子どもに面倒みてもらえるんだから」と思うかもしれません。これではいつまでも負の連鎖が続いてしまいます。

でも自分の親が「お爺ちゃんは施設に預けるから、ときどきみんなで会いに行こう」と朗らかに言えば、子どもだって「そうだな。施設に預けても家族は家族なんだな」と安心するでしょう。

つまり高齢になった親とのつき合い方は、縁が切れない範囲で続いていけばいいのだとわたしは思います。お互いに犠牲にならず頼りにもしないというごくあっさりした関係が親子の間にもあっていいのではと思うからです。

もちろん親と子の関係はそれぞれの親子によって違いますし、さまざまです。

だからお互いに元気なうちに、「もし介護が必要になったらどうしようか」と話し合っておくのもいいでしょう。「いまはいろいろなサービスがあるからいきなり施設でなくてもいいんだし、見学だけでもしておくか」と選択肢の広さを知っておくのもいいでしょう。そうすれば、いざというときでも自分たちだけで抱え込むのでなく、ケアマネージャーのアドバイスを受けたり体験者の話を聞くこともできます。

負の連鎖はほとんどの場合、家族の問題は家族だけで解決しようとすることで起こります。いろいろな選択肢を知っておくというだけで、少なくともそういう思い込みから抜け出すことができるはずです。

それだけではありません。50代のうちにさまざまな選択肢を知っておくことで、自分が介護される側になったときのこともイメージできるようになります。「子どもに頼らないほうが気楽にやっていけるな」とわかれば、「いろいろな方法があるんだから、わたしたちの面倒なんかみなくていいよ」と子どもに伝えることができます。

それを伝えておくだけで、いざ親たちが動けなくなったときでも「子どもだから面倒みなくちゃ」という思い込みだけはしないで済むでしょう。そこで負の連鎖が断ち切られることになるはずです。

我慢を美徳とすることで、不幸な高齢期が始まる

外出や会食の禁止、暑い中でもマスクの着用といったコロナの同調圧力に耐えながら少しずつ以前の日常が戻りつつあります。するとこう考える人が出てきます。

「辛かったけど我慢して良かった」

「我慢したから何とか乗り越えることができた」

果たしてそう考えていいのかどうか、わたしは疑問です。

我慢のおかげでいろいろな人間関係が途絶えてしまいました。施設に入っている高齢者に限らず、孤独感から心が弱りはて、食欲をなくしたり、眠れなくなった人は大勢います。

外出を禁止されて足腰が弱り、フレイルがひどくなって歩行も不自由になった高齢者がどれくらいいるのか想像もできません。つまり我慢したことで、前の章で考えたフィジカルもメンタルもソーシャルも大きく損なわれてしまったのです。

いくら「我慢して良かった」と思っても、それはたまたま自分がコロナに感染しなかっただけのことで、健康そのものが大きく損なわれたとすれば気休めにもなりません。

そういったことを考えると、わたしたちにとって我慢は美徳どころか悪そのものではないかと思うことがあります。

そして今回のコロナで、我慢の本質にあるものが何なのか、わかってきたような気がします。たぶん、多くの人にも気がついてきたことだと思います。

「周囲からどう見られるか」とか「みんなだって我慢しているんだから」という同調圧力です。うっかりマスクをずらして街を歩いただけで、周囲から白い目を向けられた人は大勢いたと思います。いまでも「あれは厭なものだった」と話す人がいます。

つまり我慢の正体のほとんどは周囲の無言の圧力や、世間が押しつける常識といった同調圧力から生まれてきます。親の介護にもそういった側面がいまだに残っているような気がします。

50代はここまでにもずっと我慢を強いられてきました。その中にはもちろん、家族のためにも会社は辞められないとか、昇進のためにも上司のパワハラには耐えなくちゃとか、自分に言い聞かせてきた我慢もあります。「定年まであと少しなんだから」と思えば、これからもいろいろなことを我慢しなければいけないでしょう。

でも定年退職して高齢期を迎えたらどうなるでしょうか。

もう厭な上司もノルマもありません。守らなければいけない期限も、従わなければいけない組織もないし、一日の時間割だって自由になります。

だから限りなく自由であっていいはずですが、なぜかまだ世間体とか周囲の目を意識してしまいます。「年甲斐もない」とか「いくつだと思っているんだ」と自分に我慢を強いてしまうのです。それが恥をかかないための規範だと思い込んでいるとしたら、これは同調圧力より根強く息苦しいものになってくるはずです。

高齢期を迎えたらもう、我慢は悪徳であること。そこに気がつかない限り、老いてからの人生にも、ほんとうの自由は訪れないものと受け止めてください。

まず人間関係の我慢を捨ててしまう

自分がやりたいこと、楽しいと思うことをやってみる。やりたくないこと、楽しいと思えないことはやらない。つまり本音で生きようということです。

いままで散々、やりたくないことをやらされ、楽しいとも思えないことをやってきたのですから、定年後はせめてその程度のシンプルな指針を持ってもいいし、誰にも遠慮はいらないはずです。

ところがこのシンプルなはずの指針がなかなか実行できません。それがなぜなのか、理由もだんだんわかってきたと思います。やりたいこと、自分が楽しいと思えることがあっても、「それをやればどう思われるか」「きっと白い目で見る人がいる」というブレーキがかかるからです。このブレーキをかけてしまうのは自分なのですから、いままでの自分、つまり本音で生きてこなかった自分を変えなければいけません。まずそこがスタートになります。

ちょうどいいことに、定年を迎えるとそれまでの人間関係がなくなって新しい人間関係の中に入っていくことになります。仕事の人間関係というのは上下関係だけでなくライバル意識や損得勘定など、いろいろな要素が複雑に絡んで神経を遣うものです。忖度したり逆に恫喝《どうかつ》したりマウントすることもあります。

でもじつは、そういう人間関係というのは楽なのです。長くつき合ってくれば相手の性格もわかっているし立場や利害関係もわかっています。ポイントさえ外さないように振る舞えば大きな失敗はありません。

定年後の人間関係はどうでしょうか。

趣味や習い事のグループに入る場合でも、近所のコミュニティに参加する場合でも、新しい仲間とつき合う場合でも、まだ相手のことがよくわかっていません。それにほとんどの場合は利害関係もないしはっきりした上下関係もありません。

それならもう、何の遠慮もいらないはずです。「この人いいな」とか「気が合いそうだな」と思ったらまっすぐつき合えばいいし、威張っているとか押しつけがましいと感じたらつき合わなくていいはずです。

つまり新しい人間関係だからこそ、最初から本音でつき合うことができます。どんなに自分がやってみたいことでも、人間関係に負担を感じてまでつき合う必要はありません。時間的な拘束や役割分担が負担になったときにも、はっきりと「できない」と口にしていいはずです。本音でつき合ってみること、それができるかどうか、試してみるだけでもいいです。

そこでもし、「厭なことは断るだけでいいんだ」とか「やってみたいことは遠慮しないでやればいいんだ」という自信が生まれれば、「どう思われるか」というブレーキを外すことができるかもしれません。

とにかく人間関係の我慢を捨てることから、本物の自由な生き方が身についてくるはずです。

「さあ、これからは本音で生きてみよう」という元気を、定年を迎えたときには取り戻してください。

親子関係もひとつの人間関係である

同じことは親子関係にも言えないでしょうか？

自分の親に対しても、世間の目を意識するとどうしても「面倒をみなくちゃ」とか「子どもなんだから我慢しなくちゃ」という気持ちが生まれます。

でも本音はどうでしょうか。

「こっちだっていま、それどころじゃない」とか「せっかく自由な時間が手に入ったのに介護に全部、奪われてしまうのか」という気持ちがあります。同時にそれを言い出せば周囲や世間にどう思われるかとか、自分自身の中にも親は子どもに世話してもらうのを望んでいるはずだという気持ちがあります。

でもそういう気持ちに従えば、我慢を受け入れるしかありません。「何年かかるか、とにかく最後まで世話するしかない」と諦めてしまえば、自分自身の定年後の人生がかなり長期にわたって犠牲にされてしまいます。

これでは「何があっても辞めるわけにはいかない」とか「上司の指示なら従うしかない」と考えて我慢し続けた会社人生と同じになります。定年が人間関係を大きく変化させて本音で生きるチャンスになったとしても、親子関係だけは何一つ変わらないままに暮らすしかなくなります。

しかも親子関係はいくつになっても続きます。それが変わらない限り、本音で生きるのは不可能になってきます。

どうすればいいのか。

割り切るしかありません。そのための心構えをここまでに説明してきました。親の介護を施設やプロに任せることは決して親を不幸にすることではなく、むしろお互いを楽にさせ、幸せにしてくれる選択だということを説明してきました。

そこでもうひとつ、親子関係で心に留めておきたいことがあります。自分たちの子どもとの関係です。

50代は子どもが家を出て、自立し始める年代です。母親にとっては寂しかったり生きがいを失ったような張り合いのなさが生まれますが、「もうこれからは子どもより自分」と割り切るしかありません。父親も同じで、子どもが義務教育を受けていたころも受験生のころも、自分自身が忙しくてゆっくり向き合う時間がありませんでした。だから同じ社会人となったいま、「仕事の様子を聞いてみたい」とか「悩みがあるなら相談に乗ってやれるのに」という気持ちが生まれてきます。

ところが会社での新しい人間関係や一人暮らしの気楽さもあって、子どもはもう、親の家に帰ろうとはしません。母親や父親と向き合えば、どうしてもかつての親子関係に戻ってしまいます。それが「うざったく」感じられるからです。

つまり、社会に出た子どもはもう「これからは親より自分」という気持ちになっているのに、50代の親のほうがまだどこかで親子の繋がりとか親らしさや子どもらしさを求めようとします。

これでは自分が老いたときに、子どもに頼ろうとする気持ちが出てこないでしょうか。親子の繋がりを守ろうとする限り、子どもにはそばにいてもらいたいとか、財産を残さなくちゃといった頼り合う関係を続けてしまう可能性があります。

でもそれをやれば結局同じことですね。いまの時代、逆に子どもが親に依存していつまでも自立できないケースも増えています。

そういうのも一切、50代で断ち切ってしまいましょう。親は親だし、子どもは子どもです。それぞれの人生、自分が思うように生きていいはずです。まず何よりも、自分の本音を見つめ、それが要求するままに生きていくこと。親も子どもも、それができたときに初めて笑顔で向き合えるような気がします。

エピローグ　～いまからできるいちばん大事なこと

身の周りの「不安の種」に負けてはいけない

ある企業に新卒で入社以来30数年勤務し続けた50代後半の男性がいます。これといって別居している親は年金暮らし、子どもも大学を出て自立しています。体調に異常はなく、「少し太ったかな」とお腹の回りが気になる程度です。

「あとは定年まで勤め上げて、再雇用の気楽な仕事で5年働けばこの職場にサヨナラだな」

そう思えば「もう少しの辛抱」と自分を元気づけることもできました。

ところが突然、80歳を迎えた母親が認知症、父親が脳梗塞で倒れて身体が不自由になってしまいます。

その瞬間、この男性の中でガラガラと崩れたものがありました。「オレはどこまでも不運につきまとわれて生きるしかないのか」

本書の中でも考えてきましたが、いまの50代というのは「貧乏くじ世代」です。受験競争、就職氷河期、上の世代とも下の世代ともギャップがあって同世代とは生き残りを賭けてライバル競争を繰り返してきました。上下とも左右とも繋がりの薄い世代です。

加えて働き始めるとすぐに職場はＩＴやデジタル化の波が襲いました。これからはＡＩとも共存しなければいけません。職場のモラル、いわゆるセクハラやパワハラにも神経を尖《とが》らせます。

本文内でも説明してきたように、これでもか、これでもかと試練に襲われ続けてきたのが50代ということもできます。

ところがその割に、50代は注目されません。少なくとも老いに直面している70代以降の世代に比べればまだ若々しくて元気な世代と思われているからでしょう。

じつはわたしは10年ほど前に、「思秋期」という言葉を持ち出してこの団塊ジュニア世代を取り上げたことがあります。現在のような高齢者に向けた本を数多く出す前のことでした。どんなに見た目が若々しくても、50代になればホルモンのバランスが崩れていわゆる更年期を迎え、それが身体だけでなく心の元気を奪っていく大きな原因になるからです。そのまま高齢期を迎えてしまうと、すでに心は老いてしまっていて身体的にも精神的にも辛い老後を過ごすしかなくなるからです。

でもその当時は、いまの50代が抱えている「貧乏くじ世代」、つまり不運の世代という部分にはあまり注目しませんでした。10年前、彼らや彼女たちはまだ40代でしたから仕方ありません。

今回改めて団塊ジュニア世代を考えたときに、日本がさらに超高齢社会に瀕《ひん》している中で50代が老いと直面する年代になったらいま以上に、はるかに辛い現実に直面することに気がつきました。

そこで何とか、いまだからできる生き方や考え方を身につけていただきたいと願ってこの本を書いてきました。

50代のうちに、不安要素を消しておく

先ほどの男性の話に戻しましょう。50代で突然に両親の介護が必要になったとき、この男性は自分の不運をつくづく恨めしく思ったそうです。

でもすぐに不安は消えました。

身体が不自由になった父親が「もうわたしたちを介護してくれる施設は決めてあるよ」と言ってくれたからです。

「おまえとも話し合ったじゃないか。おれたちは自宅も処分するし、そのおカネで介護付きの老人ホームに入るから何の心配もいらないよ」

その言葉を聞いたとき、「ああ、おやじは考えてくれていたんだ」と思い出したそうです。2年ほど前に、両親とも話して自分たちにはいま親を介護する時間的な余裕がないこと、何かあったときのために自宅の近くにいい施設があったら探しておいてほしいと頼んだことがあったのです。

まだ両親とも元気でしたからそれほど切実な会話にはなりませんでしたが、二人とも「それもそうだね」と頷《うなず》いてくれました。

冷淡な子どもだと思われそうで、あまり長くは話し合えませんでしたが、とにかく自分たち夫婦の気持ちを伝えたことでホッとしたことも思い出したそうです。

それを親はきちんと受け止めてくれていたのです。

80歳の父親はさらにこう続けそうです。

「親として何の財産も残せないけど悪く思うな。最後だからやりたいようにやらせてもらうよ」

もちろんこの男性に不満はありませんでした。むしろ清々した気持ちにさえなりました。

同時に、「自分の好きなように生きればいいんだな」と気がついたそうです。

50代にはいままでに不運だったこと、辛かったことがいろいろあったかもしれません。

でも大きな利点もあります。

定年後の長い人生を考えると、まだ人生の折り返し点に立ったばかりなのです。だからどれだけ不安材料があったとしても、それをいまのうちに一つひとつ潰していくことができます。「もしこうなったら、ああなったら」と数え上げるのでなく「そうならないための手」をいまのうちに打つことができます。70代80代になると難しいことでも、50代のいまなら打つ手はいくつもあるのです。そのヒントを、考えられる限りこの本では挙げてきました。

これからの人生は、本音で生きよう！

どんなに定年までの仕事や定年後の人生に不安の種が散らばっているとしても、ひとつだけはっきりしていることがあります。

もうすぐ、あと何年かで確実に自由になれるということです。

これまでの自分を縛り、心を押さえつけていたものがなくなるのです。

そこから先は、その自由をどれだけ楽しむことができるかの問題になります。

そのための心構えやいまできることを、この本では思いつく限り述べてきました。

ここから先はもう、50代のあなたが図太い指針を一つだけ持てばやっていけます。

それが「本音で生きよう」ということです。

何をやりたいのか、どうなりたいのかは簡単には見えてこないかもしれませんが、ためらったり迷ったりしたときに、自分の本音が何なのかはわかります。「こうしたいんだけど」と思うことがあったら、「けど」を消して「こうしたい」という気持ちに従って動くことです。

いままでにも本音で動いたことがあったはずです。

職場の窮屈な雰囲気の中で、上司や周囲の圧力を感じながらも自分の意見を口にしたり、自分の判断に従ったことがたいていの人にあったと思います。50代のビジネスパーソンなら、ほとんどの人に覚えがあるはずです。

結果はさまざまでした。

孤立して誰からもサポートされずに失敗したことがあります。うまくいったとしても、「わがまま」とか「スタンドプレー」といった冷ややかな視線を浴びただけかもしれません。

でも、本音で動いたり意見を口にしたときの高揚感は覚えていると思います。ドキドキしながらも心の中で「やったぞ」と快哉《かっさい》を叫んでいました。「さあ、やるぞ！」という強い意欲も生まれてきました。

「なんてスッキリした気分だろう」と自分でも驚いたはずです。そのときの昂《たかぶ》りを思い出してください。自分が自由な世界に一人で飛び出したような感覚も生まれました。

50代にとって人生はまだまだ先があります。どうせならビクビクと委縮しながら生きるのでなく、思い切り自由を楽しみながら生きたほうが幸せな人生に決まっています——。


いよいよ人生百年時代の到来です。後半生に自由を謳歌するためには、意欲をつかさどる前頭葉を衰えさせてはなりません。そのための思考法と実践法は本書で述べたとおりです。

もう一度、勇気を育てること。
どんなことでも、実験のつもりで試してみること。
「脱マンネリ思考」――そこから始めてみましょう。

令和5年神無月

和田秀樹

和田秀樹（わだ・ひでき）
1960年大阪府生まれ。東京大学医学部卒業。精神科医。東京大学医学部附属病院精神神経科助手、米国カール・メニンガー精神医学学校国際フェロー、高齢者専門の総合病院である浴風会病院の精神科を経て、現在、和田秀樹こころと体のクリニック院長。高齢者専門の精神科医として、30年以上にわたり高齢者医療の現場に携わっている。主な著書に『年代別 医学的に正しい生き方』（講談社）、『六十代と七十代 心と体の整え方』（バジリコ）、『70歳が老化の分かれ道』（詩想社）、『80歳の壁』（幻冬舎）、『70代で死ぬ人、80代でも元気な人』（マガジンハウス）などがある。

マガジンハウス新書 020

50歳からの脳老化を防ぐ脱マンネリ思考

2023年11月30日　第1刷発行

著　者　和田秀樹
発行者　鉄尾周一
発行所　株式会社マガジンハウス
〒104-8003　東京都中央区銀座3-13-10
書籍編集部　☎03-3545-7030
受注センター　☎049-275-1811

印刷・製本／中央精版印刷株式会社
ブックデザイン／TYPEFACE（CD 渡邉民人、D 谷関笑子）
編集協力／やませみ工房

ISBN978-4-8387-7521-7 C0295